혼자 사는
연습을 합니다

終究一個人，何不先學快樂的獨老
Copyright ⓒ 2023 by Hsiu-Chih Liu
Korean Translation Copyright ⓒ 2025 by Miraebook Publishing Co.
This translation is published by arrangement with Aquarius Publishing Co., Ltd.
through SilkRoad Agency, Seoul, Korea.
All rights reserved.

이 책의 한국어판 저작권은 실크로드 에이전시를 통해
Aquarius Publishing Co., Ltd와 독점 계약한 미래의창 주식회사에 있습니다.
저작권법에 의해 한국 내에서 보호를 받는 저작물이므로 무단 전재와 복제를 금합니다.

피할 수 없는 노년의 싱글 라이프
당신은 어떻게 준비하고 있나요?

혼자 사는 연습을 합니다

류슈즈 劉秀枝 지음 | 박소정 옮김

미래의창

들어가며
미래의 나와 대화를 나누다

부모님이 90세가 넘어 세상을 떠나신 걸 보면, 큰 이변이 없는 한 나도 장수할 것이다. 그렇다면 앞으로 남은 20년을 어떻게 보내야 할까? 나는 95세인 미래의 내가 되어 75세인 지금의 나와 대화를 나눠보려 한다.

앞으로 펼쳐질 오르막길을
가뿐히 오를 준비가 되었다

올해 75세가 된 너는 지난 수년간 전 세계에 영향을 준 신종 코로나바이러스 감염증(코로나19)을 경험했다. 백신

주사도 여섯 번이나 맞았지만, 혼자 사는 너는 '심신 건강만이 개인 방역의 유일한 해답'이라는 사실을 아주 잘 알고 있다.

집에 틀어박혀 있어도 삼시 세끼는 꼭 챙겨 먹었고, 화상 수업과 독서, 글쓰기, 드라마 정주행도 소홀히 하지 않았다. 가끔 라인 단톡방에 뜨는 메시지들을 들여다보기는 했지만 사람들이 하는 말에 이리저리 휘둘리지 않았다. 말하는 법을 잊지 않으려고 친구들과 자주 온라인으로 음성 대화를 나누기도 했다. 매일 새벽 인적이 드문 시간에 마스크를 쓰고 산책하며 근력을 유지했다.

너는 "시간도 많고 경제적으로 안정적이다. 건강하고 평안한 데다 우울과는 거리가 멀다"라며, 항상 주어진 것에 감사하고 분수에 맞게 살고 있다.

무사히 팬데믹 시기를 넘기긴 했지만 이번 생엔 변종 바이러스들과 계속 공존해야 한다는 사실을 뼈저리게 느꼈다.

게다가 75세에서 95세가 되기까지의 과정은 울퉁불퉁한 오르막길처럼 걸으면 걸을수록 힘에 부칠 것이다. 특히 신체 기관에 하나둘 문제가 생길 텐데, 노화로 인해 몸 곳곳이 불편해지거나 혈관이 막히거나 혹은 세포가 걷잡을 수 없이 증식할 수도 있다. 느닷없이 찾아오는 이름 모를 바이러스는 더 말할 필요도 없다.

하지만 너는 75세에 필요한 준비를 이미 끝내두었으니 다행이다.

규칙적으로 생활하고 돈도 함부로 쓰지 않고 딱히 양생법養生法(병에 걸리지 않게 건강을 잘 관리하며 장수하는 방법-옮긴이)을 좇지도 않는다. 아프지 않을 때는 많이 움직이고 짧은 거리는 웬만하면 걸어 다닌다. 친구가 부르면 즐겁게 여행도 다닌다.

기력이 있을 때 수술해야 몸이 버틸 수 있다며 용감하게 치료도 받았다. 백내장 수술로 두 눈에 광명을 찾았고, 목 디스크 수술과 허리 디스크 수술도 잘 받았다. 덕분에 움직임이 한결 편해져 앞으로 펼쳐질 오르막길을 가뿐하게 오를 준비가 되었다.

지금 내가 가진 능력을 소중하게 여긴다

무엇보다 "예전에는 됐는데 지금은 왜 안 되지?"라고 마냥 불평하는 대신 네가 지금 가진 능력을 소중히 할 줄 안다는 점이 가장 멋지다.

병에 걸리면 "왜 하필 나야?" 하고 한숨 쉬는 대신 얼른 병원에 가서 치료를 받는다.

임플란트를 하고도 여전히 치아가 안 좋을 땐 이렇게 위안을 삼는다. "젊었을 때 견과류를 많이 먹어놔서 다행이다. 지금 못 먹어도 크게 여한이 없어. 게다가 요즘엔 삶은 땅콩이나 땅콩순두부도 살 수 있잖아!"

연령대별로 심신 상태가 다르다

'연령대별로 심신 상태가 다르니, 그때그때 내가 가진 능력을 마음껏 발휘하고 최대한 즐기자'는 것이 너의 인생관이다. 후회 없이, 훗날 지금 이 시간을 기분 좋게 회상할 수 있도록 말이다.

너는 75세가 되기 전에 부모님을 연이어 떠나보내며 '상실의 기술'을 배워 운이 좋았다는 말을 자주 하곤 했다. 뒤이어 가까운 친척, 오랜 친구도 세상을 떠났고 후배들은 각자의 길을 찾아 떠났다. 심지어 너를 담당하던 의사, 미용사, 회계사, 알고 지내던 식당 사장도 하나둘 은퇴했다.

네 생활권에 있던 사람들이 점점 새로운 얼굴로 바뀌었다. 하지만 시간이 흐르다 보면 그 새로운 얼굴들도 오랜 친구가 될 것이다.

75세에 너는 벌써 3C 제품(3C는 컴퓨터Computer, 통신Communication, 가전제품Consumer electronics의 줄임말로 통신은 주로 휴대폰을 가리킨다—옮긴이)을 능숙하게 다루는 '액티브 시니어Active Senior(체력과 경제력을 갖추고 있어 퇴직 후에도 사회적으로 왕성한 문화 및 소비 활동을 하는 중장년층—옮긴이)'가 되었다. 컴퓨터와 휴대폰으로 각종 소프트웨어를 능수능란하게 다루고 사진 촬영, 인터넷 접속, 온라인 쇼핑, 글쓰기, 블로그 운영도 척척 한다. 심지어 팟캐스트 채널을 개설해 녹음에서 편집까지 혼자 도맡고 있다. 너에게 과학기술은 일상이고 프로그램은 자주 업데이트된다.

온라인에서 너를 만난 사람들은 네 얼굴을 보기 전까지 네가 구순을 넘긴 노인인 줄 모를 것이다. 만약 얼굴을 본다면 네 인터넷 활용 능력에 무척 놀랄 것이고, 너는 그 칭찬을 즐길 것이다.

물론 이건 전부 네가 아직 젊을 때, 특히 중년일 때 차곡차곡 쌓아둔 활력과 학습력, 근성이 이룬 결과물이다. 마치 복리 이자를 누리는 것과 같은 이치다.

앞으로 다시 10년이 지나 105세가 되었을 때도, 95세인 지금의 내가 한 수고에 고마워할 것이다.

---- 차례 ----

들어가며 미래의 나와 대화를 나누다   005

1장 독립적이지만 외롭지는 않다
심심할 틈이 없는 노년 생활

여덟 가지만 준비하면 혼자 나이 들어도 걱정이 없다	017
남의 손을 빌리지 않고 존엄하게 나이 들기	029
상상을 초월하는 액티브 시니어	034
여기 애플페이 되나요?	039
노년의 새로운 재능 찾기	042
지금이 가장 좋은 시기다	049
나이 드는 일은 그렇게까지 무섭지 않다	054
노년에는 어떻게 친구를 사귈까?	059
인생의 마지막 순간까지 병을 늦추는 법	064
혼자 지내도 외롭지 않은 생활 철학	069

2장 나, 설마 치매인가?
치매는 알고 나면 무섭지 않다

액티브 시니어는 치매와 멀어지고 있다	077
갑작스러운 기억상실, 혹시 치매일까?	082
건망증은 치매의 징조일까?	087
기억이 안 난다고 꼭 치매는 아니다	091
잠이 무엇보다 중요한 이유	096
중증 치매 환자를 돌볼 때 주의할 점	102
치매인 가족을 장기요양시설에 보내도 될까?	106

3장 몸과 마음의 건강을 지키는 노년의 운동법
움직일수록 활력이 넘친다

하이킹은 치매를 예방하는 가장 간단한 처방이다	113
살고 싶다면 움직여라, 건강해지고 싶다면 더 열심히 움직여라	119
걷는 게 안 걷는 것보다 언제나 낫다	124
야외 활동을 할 때는 온열 질환에 주의해야 한다	129
여행할 때는 여섯 가지 안전 수칙을 지키자	134
놀러 가는데 멀미하면 어떡하지?	140

4장 긍정적인 마음가짐은 강력한 보호막이다
노년에 대한 생각을 바꾼다

부작용뿐만 아니라 약효도 함께 보자	147
'파노라마 모드'를 활용해 사람을 포용한다	152
선생님, 한 번 더 말씀해주실 수 있나요?	156
범사에 기한이 있고 천하 만사가 다 때가 있나니	161
인생의 행운은 하늘의 별처럼 셀수록 많아진다	165
별것 아닌 일이 희망을 가져다줄 수 있다	169
좋아하는 모습으로 바뀌고 싶다면	175
노년을 긍정적으로 바라보면 좋은 점이 많다	178

5장	**병은 알면 알수록 두렵지 않다**
	막연히 두려워 말고 구체적으로 대비한다

친구가 아플 때와 내가 아플 때	185
무슨 병인지 알고 싶으면 '몇 살'인지부터 묻는다	190
남녀는 평등하지만 의료에서는 남녀 차이가 있다	194
약물 작용은 생각보다 훨씬 복잡하다	199
나이 들어도 편히 잘 수 있다	205
당뇨병에 걸렸는데 약을 안 먹어도 될까?	210
혼자 추측은 금물, 반드시 의사에게 진료받아야 한다	215
요통이 낫질 않는데 수술해야 할까?	220
뇌에 '백질이영양증'이 나타나면 중풍일까?	226
갑작스러운 망상과 환각 증상은 뇌졸중의 징조일까?	231
자칫 놓치기 쉬운 '후방 순환 뇌졸중'	236
자가면역뇌염, 드물지만 치료할 수 있는 질환	241
건강하게 생활하려면 몸의 면역력을 강화해야 한다	246
바이러스와 친구가 될 수 있을까?	251

나가며 당신은 70세에 어떤 삶을 살고 싶은가?	256
감사의 말	262

1장

독립적이지만
외롭지는 않다

심심할 틈이 없는 노년 생활

 여덟 가지만 준비하면
혼자 나이 들어도 걱정이 없다

친한 친구의 남편은 중증 치매 환자다. 가끔 폭력이나 망상 같은 정신병적 행동을 보이기도 해서, 외국인 간병인의 도움을 받아 돌보는 일마저 힘에 부칠 정도였다. 어쩔 수 없이 남편을 장기요양병원에 보낸 친구는 당분간 외국인 간병인과 함께 지내기로 했다.

왜 간병인을 내보내 지출을 줄이지 않느냐고 묻자 친구가 말했다. "남편 상태가 호전되면 다시 집에 데려와 보살필 수도 있잖아. 올해 내 나이가 일흔둘인데, 44년 동안 결혼 생활을 하면서 한 번도 남편과 떨어져 지낸 적이 없어. 애들은 해외에 있고 마음이 답답해서 그렇기도 하지만 아직은 혼자 지내는 게 겁이 나. 그래서 일단은 간병인이랑 같이 지내면서 차차 적응해갈 생각이야."

한번은 이런 일도 있었다. 해외로 단체 여행을 갔을 때였는데, 사전에 정한 룸메이트가 불참하는 바람에 나 혼자 방을 쓰게 되었다. 당시 주최자는 내가 숙박비를 더 부담하게 된 사실보다도 나 혼자 지낼 수 있는지를 걱정했다. 그때는 미처 의식하지 못했지만, 이제 와 생각해보니 좀처럼 혼자 살아갈 엄두를 내지 못하는 사람이 꽤 많은 것 같다.

스스로 원해서든 아니면 어쩌다 보니 그런 상황이 된 것이든 누구나 혼자 살 가능성이 있다. 특히 배우자가 먼저 세상을 떠나거나 자녀가 곁에 없는 상황이 흔하다. 대만 내정부內政部(우리나라의 행정안전부에 해당-옮긴이)가 발표한 2022년 대만인의 평균 수명은 남성이 76.63세, 여성이 83.28세였다(우리나라의 경우 2023년 기준 남성의 기대수명은 80.6세, 여성의 기대수명은 86.4세-옮긴이). 따라서 동갑내기 부부라면 노후에 아내가 7년 정도를 혼자 살아야 할 수도 있으니 미리 마음의 준비를 해야 한다.

또 2022년 2분기 대만 주택정보통계에 따르면, 65세 이상 노인이 거주하는 주택 수만 약 68만 호였다. 그중 수많은 언론에서 '독거노인 가구'라고 보도한, 노인 혼자 사는 가구 수는 무려 51만 7,900가구에 달했다(우리나라의 경우 2023년 기준 65세 이상 1인 가구는 213만 8,000가구다-옮긴이).

하지만 나이 드는 일이 꼭 외로운 건 아니고, 혼자 사는 일이 꼭 쓸쓸한 것도 아니다. 독거노인도 얼마든지 알차고 자유롭게 생활할 수 있다.

혼자 보는 저녁노을도 아름답다

여섯 살 무렵, 한결같이 날 사랑해주던 외할머니가 돌아가셨다. 인자한 표정을 짓고 있는 외할머니의 시신이 본가 마루에 놓였고 그 옆에선 향이 피어올랐다. 엄마와 나는 둘이서 조용히 외할머니 주변을 한 바퀴 돌았다. 망자에 대한 나의 첫인상은 이토록 평온하고 자연스러웠다. 나는 생각했다. '누구나 나이가 들면 언젠가는 이런 순간을 맞이하겠구나.'

앞서 걷는 엄마를 보며 언젠가 엄마도 외할머니처럼 내 곁을 떠날 테니 부모님에게 평생 기댈 수는 없겠다고 생각했다.

능력자였던 엄마는 매일 식구들의 삼시 세끼를 챙기고 아빠를 도와 쌀집 장사까지 하며 하루 종일 정신없이 바쁘게 지냈다. 나는 엄마와 달리 기술을 배워 내 몸 하나 잘 건사하겠다고 다짐했다. 다행히 공부를 좋아했고 시험도 두렵지 않았기에, 원하던 의대에 합격해 의사가 되었다.

나는 스스로가 일과 가정을 양립하는 게 불가능한 성향인 데다 독립적이며 자유를 즐기고 구속받는 걸 싫어한다고 생각했기 때문에 그냥 혼자 살기로 마음먹었다. 나 하나만 잘 건사하면 되는 것이다. 무엇을 먹고 무엇을 살지, 어디에서 지내고 어떤 전공을 선택할지, 심지어 집을 어떻게 어지럽힐지에 대해서도 배우자에게 동의를 구할 필요가 없다. 자녀의 학군을 고려할 필요도 없고 고부 갈등을 걱정할 필요는 더더욱 없다.

혼자만의 자유를 만끽하던 나는 이제 독거노인이 되었다. 키울 자식도 없는 마당에 늙어서 누가 나를 보살펴주길 기대하지도 않는다. 혼자 잘 적응하며 즐거운 노후 생활을 준비해야 남은 인생을 멋스럽게 살아갈 수 있다.

다음에 이야기하는 여덟 가지만 잘 준비하면 혼자서도 즐거운 노년을 맞이할 수 있다.

1 | 남에게 손 벌리지 않아야 한다

경제적 독립은 즐거운 독거 생활의 기본 조건이다. 그러니 젊었을 때 열심히 일해서 돈을 모아야 한다. 나이 든 후에는 벌어놓은 돈을 까먹지 않도록 하자. 재테크는 보수적으로 하고, 사기당하지 않게 신중히 행동해야 한다.

  퇴직하면 수입이 확 줄지만 모임이나 회식 자리도 줄어든다. 명품 옷이나 액세서리에 연연하는 대신 예전에 입던 정장과 요즘 입는 캐주얼 룩을 매치해 자기만의 스타일을 만드는 법을 배워야 한다. 또한 나이가 들면 식사량도 줄어서 먹는 데 들어가는 비용도 상대적으로 줄어든다.

  대신 약값이나 이것저것 치료하는 데 들어가는 비용은 늘어날 수 있다. "제일 믿을 만한 자식은 돈"이라는 예전 어른들의 농담도 듣고 보면 일리가 있다.

2 | 아프지 않도록 몸을 건강하게 가꾼다

  우리의 신체 기관은 나이가 들수록 서서히 퇴화할 수밖에 없다. 따라서 건강한 생활 습관을 유지하는 것이 중요하다. 스포츠센터에서 스트레칭, 요가, 근력 운동이나 수영 등을 하는 사람도 있지만 사실은 매일 걷기만 해도 충분한 효과를 볼 수 있다.

  나는 걸을 수 있는 짧은 거리라면 차를 타지 않는다. 시장에 과일을 사러 가든 은행 업무를 보러 가든 지하철역이나 버스 정류장까지 걷다 보면 나도 모르는 사이에 꽤 많이 걷게 된다.

저녁 무렵 손목에 찬 만보기 숫자가 8,000걸음이 안 되면 근처 공원에서 좀 더 걷다 들어가는데, 이때는 보통 1만 보를 넘긴다.

3 | 아플 땐 꼭 치료를 받는다

연령대마다 걸릴 수 있는 병이 다 다르다. 70세 정도 되는 친구들을 만나면 대화의 절반가량이 본인의 질병과 진료 경험, 괜찮은 의사를 추천하는 이야기다.

고령자는 암과 치매, 특히 퇴행성 뇌질환인 알츠하이머병을 가장 우려한다. 백 퍼센트 피할 수야 없겠지만 '건강한 생활 습관'은 최선의 예방법이다. 그중에서도 몸을 자주 움직이며 운동하기, 두뇌 운동 게을리하지 않기, 사람들과 활발하게 소통하기, 충분한 수면 시간 확보하기, 고혈압·고혈당·고지혈증 등 3고高 치료하기가 알츠하이머병을 예방하는 좋은 방법이다.

시대가 발전하면서 수많은 암을 통제하고 치료할 수 있게 되었다. 그러니 증상이 나타났을 때는 지레짐작하지 말고 병원에 가야 병을 조기에 발견하고 치료할 수 있다.

젊었을 때 편의점을 드나드는 것처럼 나이가 들면 병원을 드나드는 게 일상이 된다. 나는 오히려 언제든 편하게 병원에 가서 진료를 받을 수 있다는 사실에 감사한다. '나이가 드니 여기저기 안 아픈 데가 없다'라고 원망하는 대신, '나이 들어서야 병원을 들락거리게 되었으니 다행'이라고 생각하자.

4 | 오랜 우정을 유지하되 새로운 친구를 사귄다

세월이 흐르면, 부모님은 세상을 떠나고 형제자매는 나와 함께 늙어가거나 나보다도 더 나이가 들게 된다. 그럴 때일수록 친구가 중요하다. 친구가 있으면 필요할 때 병원에도 같이 가주고 수술 후에는 약을 챙겨줄 수도 있다.

마음이 맞는 친구는 꼭 붙잡아야 하지만 너무 세게 붙잡아서는 안 된다. 어느 정도 여유 공간을 두어야 한다. 친구에게 도움이 필요할 때 내가 받은 걸 되돌려줘야 하는 것은 물론이다.

예전에 가입했던 모임은 탈퇴하면 안 된다. 그 밖에 정기적인 독서 모임, 노래 교실이나 골프 모임 등도 소속감을 느낄 수 있는 좋은 활동이다.

일이 바쁠 때는 옛 친구들과 왕래가 뜸해질 수 있지만 퇴직

후엔 다시 자주 연락할 수 있다. 같은 연배끼리는 잘 통하고 편하기 때문에 함께 식사하고 수다를 떨거나 여행을 가기 좋다.

다만 나이가 들면 참석하는 자리라는 것이 동창회 아니면 친구의 장례식인 경우가 많으므로 새로운 친구를 사귀어야 한다. 나보다 어린 친구를 사귀는 것이 제일 좋다. 그래야 생각이 트이고 시야가 넓어진다.

그렇다면 어디에서 새 친구를 사귈 수 있을까? 새 친구는 친구의 친구일 수도 있고, 어떤 행사에 참여하거나 수업을 들으며 알게 된 사람일 수도 있다. 친구가 같이 먹고 마시며 놀자고 초대할 때는, 정말 중요한 일정이 있지 않는 한 거절하지 말자. 다음번엔 그 친구가 당신을 부르지 않을 수도 있으니 말이다.

5 | 함께 있는 것도, 혼자 있는 것도
전부 좋은 일이다

설을 쇠기 전, 나는 칼럼 원고 두 개를 마감하고 강연용 PPT까지 완성한 후에 겨우 한숨을 돌렸다. 그러고 나니 하루 정도 쉴 시간이 있었다. 단체 채팅방들을 쭉 보는데 대부분 붉게 물든 낙우송 사진으로 도배되어 있었다. 풍경을 직접 보러 갈까 싶어 채팅방 두 곳에서 길동무를 구해봤지만 다들 선약이 있다고 했다. 살짝 실망은 했으나 예상치 못한 상황도 아니었고 흥미가 식은 것도 아니어서 혼자 지하철로 타이베이시의 다후★湖 공원에 갔다. 살랑살랑 바람을 맞으며 울긋불긋한 낙우송을 감상하니 상쾌하고 흐뭇했다.

섣달 그믐날에도 친구와 친척들을 방해하고 싶지 않은 마음에 평소대로 식당에 가서 새우달걀볶음밥, 찐만두, 채소볶음을 사 왔다. 거기에 양념에 재어 얇게 썬 맛있는 소고기와 건두부를 곁들여 한 끼 식사를 해결했다. 식사 후에는 드립 커피 한 잔과 과일, 디저트, 간식을 먹었는데 아주 만족스러웠다. TV 프로그램을 보고 드라마를 정주행하는 것도 즐거웠다.

사실 혼자살이의 최대 장점은 독서와 글쓰기에 온전히 집중할 수 있다는 것이다. 나는 수많은 책, 인터넷 게시물, 온라인 의학 정기 간행물에 실린 논문이나 온라인 강좌 등에서 읽을거리를 찾는다. 나에게는 노트북과 스마트폰이 편리함의 양대 산맥 같은 도구다. "수재는 굳이 문밖을 나서지 않아도 세상일을 다 알 수 있다"라는 말처럼, 노트북과 스마트폰을 자유자재로 활용하면 새로운 소프트웨어와 기능을 배우고, 과학기술을 활용해 다른 사람과 소통하고 세상과 접촉하며 남은 생을 보낼 수 있다.

6 | 기존의 취미를 즐기면서
새로운 취미도 만들어본다

퇴직하고 얼마 되지 않았을 때, 독서나 글쓰기(칼럼이나 페이스북 포스팅) 등 기존의 취미를 유지하면서 표준 중국어·대만어·영어 노래 교실에도 가입하고 지역 교육센터 같은 곳에서 강의를 수강하기도 하며 끊임없이 다양한 시도를 했다. 지금 내가 가장 좋아하는 건 '숲길 걷기'와 '장년 야유회' 수업인데, 태반이 60대 이상인 학생 스무 명을 데리고 젊은 선생님이 대만 북부의 쥔젠옌軍艦岩, 차오링구다오草嶺古道, 샤카뤄구다오霞喀羅古道 등 근교 산에서 하이킹을 하는 것이다.

7 | 스스로 몸을 잘 챙겨 사고를 예방한다

혼자 사는 이상, 내가 모든 걸 책임지고 사고가 나지 않게 조심해야 한다. 몸을 움직일 때는 급히 서두르지 말고 여유를 갖자. 예를 들어 지하철에서 울리는 벨 소리는 연장자에게 '잠시 걸음을 멈추라'고 알려주는 것이지 '빨리 열차에 올라타라'는 의미가 아니다.

한 번에 한 가지 일만 집중해서 해야 빠트리거나 놓치는 일이 없다. 한 번에 여러 가지 일을 하려다 보면 빠트리는 것이 생겨서 '나 치매 아닌가?' 하는 의심이 생기기 십상이다.

중요한 친구의 전화번호는 반드시 휴대폰에 저장해두자. 휴대폰을 잃어버리거나 깜빡하고 집에서 안 가져왔을 때를 대비해 작은 쪽지에 번호를 적어 늘 지니고 다니는 것도 좋다. 혹시 필요할 수 있으니 집 열쇠를 친한 친구에게 하나 맡겨두는 것도 한 가지 방법이다.

혼자 사는 액티브 시니어인 내 친구는 만일의 사태에 대비해 미리 준비를 철저하게 해두었다. 집 안에 보안 조치를 완벽하게 해놓고, 장기요양기관에 신청해 평가를 받은 뒤 침대 머리맡의 협탁에 응급호출기와 휴대용 버튼을 설치해둔 것이다. 응급 상황이 발생했을 때 그 버튼을 누르면 24시간 서비스센터에서 친구의 긴급 연락망에 있는 사람이나 구급차를 불러 신속하게 도움을 준다.

80세인 친구 하나는 아들과 따로 사는데, 아들이 친구의 집에 실시간 모니터링 시스템을 설치했다. 그뿐만 아니라 애플워치도 선물했다. 넘어졌을 때 자동으로 응급 서비스센터에 메시지가 전송되는 '낙상 감지' 기능이 있다고 한다. 어찌나 세심하고 다정한지.

8 | 마음가짐이 모든 것을 결정한다

결혼해서 가정을 이루면 편안함과 함께 책임감, 역할 분담이 따른다. 혼자 살면 뭐든 스스로 부담해야 하고 외롭기는 하지만 자유롭다. 이는 이해득실이 아닌 취사선택의 문제다. 어느 경우든 자신이 가진 자원을 활용해 최선의 준비를 하고 현재의 상황을 즐기면 된다.

해가 지기 전 하늘에 가득 번진 저녁노을을 혼자 감상하든 온 가족이 함께 보든, 아름다운 건 매한가지다.

 # 남의 손을 빌리지 않고
존엄하게 나이 들기

　　나는 줄곧 스스로 노후 준비가 다 되어 있다고 여겼다. 독립적이고 생활도 단순해서 퇴직금만으로도 노후 걱정은 없겠다고 생각한 것이다. 그런데 나이가 들면서 주변 친구들에게 일어나는 상황을 보니, 더 이상은 단언할 자신이 없어졌다.

의료비 본인부담금과 간병비도 마련해둬야 한다

　　치매를 앓는 86세 친구가 급성 담낭염으로 2주간 병원 신세를 졌다. 병원의 24시간 간병인 서비스 비용이 하루

2,800대만달러(한화 약 11만 8,000원)라 2주간 거의 4만 대만달러(한화 약 169만 원)가 든 셈이다. 나이가 들수록 병이 나거나 입원해 간병인을 써야 할 확률도 높아진다.

우리 집에도 비슷한 상황이 있었다. 10여 년 전, 오빠 내외와 간병인이 치매 환자인 90대 노모를 보살피는 데만 다달이 들어가는 돈이 6만 대만달러(한화 약 253만 원)였다. 다행히 60년간 근면 성실하게 쌀집을 운영한 부모님 덕분에 간병비를 지불할 여력은 충분했다.

75세인 한 친구는 신장암이 다른 곳으로 전이되어 정기적으로 표적 치료와 면역요법을 받아야 한다. 면역요법의 비용은 본인 부담이라, 지난 1년간 이미 150만 대만달러(한화 약 6,330만 원)가 들었다.

베이비붐 세대(제2차 세계대전 이후 1946~1964년에 태어나고 자란 세대—옮긴이)가 점차 노년기에 접어들고 있다. 중병에 걸리지는 않았어도 나이가 들면 자연스럽게 눈이 침침해지고 치아가 흔들리기 마련이라, 조만간 백내장 수술이나 임플란트 치료를 받아야 할지도 모른다. 임플란트도 본인 부담이다. 백내장 수술은 건강보험이 적용되지만 좀 더 정밀한 펨토초 레이저femtosecond laser로 수술을 받으려면 본인이 비용을 부담해야 하며 금액은 약 7만 5,000대만달러(한화 약 317만 원)다.

대만은 의료 기술도 발전했고 진료를 받기도 편리한 데다 건강보험도 적용된다. 하지만 질병의 적응증(약이나 수술을 통해 치료 효과를 볼 수 있을 것이라 기대되는 질환이나 증세-옮긴이)에 따라 적절히 분배해야 하며, 선진 의료 자원을 무제한으로 사용할 수 없기 때문에 일부 치료 과정은 치료비를 본인이 부담해야 한다. 사람이라면 당연히 더 훌륭하고 앞선 치료를 받고 싶어 하기에, 경추와 요추 최소침습수술과 디스크 이식수술 등 비급여 항목에 더 많은 돈을 지불하는 추세다.

예전에 한 친구가 자신의 경추와 요추를 툭툭 치더니 눈을 깜빡이며 말했다. "내 몸에 들어간 장비값만 해도 벌써 100만 대만달러(한화 약 4,200만 원)야!"

돈이 부족할까 봐 걱정이라면, 어떻게 노후를 보내야 할까?

돈을 얼마나 모아야 퇴직 후에도 경제적 자유가 보장될지를 가늠할 때, 대부분의 사람은 퇴직 후 자신이 바라는 생활 수준과 남은 생에 들어갈 돈만 생각하고 '의료비 본인부담금과 간병비'는 고려하지 않는다. 그렇다면 어떻게 해야 할까?

어린 시절, 내 부모님은 늘 근검절약하고 열심히 돈을 모아

저축하라고 가르쳤다. 그런데 저축은 사실 재테크의 초급 단계에 불과하다. 만일 학교에서 '투자 재테크'를 가르쳤더라면, 그래서 우리가 첫 직장에 입사했을 때 이미 재테크를 할 줄 알았더라면, 퇴직 후에 리스크가 적으면서 합리적인 보수를 받는 투자를 선택해 퇴직금과 예금 말고도 '패시브 인컴Passive Income(초반에 조금만 일해놓으면 알아서 쌓이는 수동 수익—옮긴이)'을 추가로 늘릴 수 있었을 것이다.

패시브 인컴을 늘릴 수 없는 상황이라면, 최소한 높은 투자 수익률을 기대하거나 사기를 당해 피땀 흘려 번 돈을 모두 날리지는 말아야 한다.

퇴직 후에는 보통 수입이 크게 줄지만 지출도 그만큼 줄어든다. 모임 자리가 뜸해지다 보니 옷차림도 수수하고 단출해지며 굳이 명품을 좇지 않는다. 헌 옷을 새롭게 매치해 자기만의 스타일을 연출할 수도 있다. 건강식품과 화장품은 인터넷이나 드러그스토어에서 구매하면 된다. 나이가 들면 신진대사가 느려지고 식욕이 떨어져 먹는 양도 줄어든다. 이런 것들은 소소하면서도 간단히 실천 가능한 절약 방법이다.

별것 아니지만 또 한 가지 팁이 있다. 바로 건강한 생활 방식을 유지해 질병을 예방하고, 작은 증상이라도 발견하면 중증으로 발전하기 전에 즉시 병원에 가서 치료를 받는 것이다.

암을 조기에 발견했다면 다른 곳으로 전이되거나 중증 질환으로 발전하기 전이므로 충분히 치료할 수 있다. 다만 의료비는 알아서 부담해야 하고, 간병할 사람도 구해야 한다.

미국 식품의약국[FDA]은 2023년 7월 6일 신약 '레카네맙[Lecanemab](성분명은 레카네맙, 치료제 이름은 레켐비—옮긴이)'을 정식 승인했다. 레카네맙은 경증 알츠하이머병 환자와 경도 인지장애 환자의 인지 기능 저하(치매) 증상을 약 27퍼센트 완화하는 것으로 나타났다. 하지만 레카네맙은 1년에 약값만 무려 2만 6,500달러(한화 약 3,637만 원)에 달한다. 이런 맥락에서, 우리가 평소에 머리를 많이 쓰고 열심히 운동하며 사람들과 자주 소통하고 충분한 수면을 취함으로써 '인지 예금'을 늘려 치매 확률을 낮춘다면 큰돈을 절약하는 셈이 아닐까?

 ## 상상을 초월하는 액티브 시니어

언젠가 텔레비전 방송 녹화를 위해 메이크업을 받은 적이 있다. 나는 은발이지만 메이크업 아티스트의 손길 덕에 한층 젊어진 기분이 들었다. 그런데 집에 돌아와 복합기를 설치해주러 온 직원과 마주쳤을 때, 그가 별 뜻 없이 한마디를 던졌다. "선생님, 올해 여든이신가요?"

아무렴. 내가 아무리 예쁘게 꾸며도 나이는 못 속이는 법이다. 게다가 사람들은 대부분 다른 사람이 늙어 보인다고 생각한다. 그는 그냥 있는 그대로 솔직하게 말했을 뿐이다. 나는 대수롭지 않게 받아들이며 웃는 얼굴로 말했다. "제가 겉으로 드러나는 모습이나 당신이 생각하는 것보다는 젊답니다."

그는 내가 혼자 사는 걸 알고 또 물었다. "돌봐줄 사람은 안 구하셨나 봐요?"

나는 깜짝 놀라며 반문했다. "누가 돌봐줘야 할 사람처럼 보이나요, 제가?"

그는 아무 말 없이 인쇄, 스캔, 팩스, 복사 기능을 쓸 수 있도록 내 컴퓨터, 휴대폰과 복합기를 와이파이로 연결했다.

그가 컴퓨터와 휴대폰을 능숙하게 다루는 나를 보고 대단하다며 감탄사를 연발할 때마다 나는 이렇게 대답했다. "그냥 평범한 수준이에요."

'보살핌이 필요한 노인'에서 '성공한 노년'으로

최근 2020년 7월 미국 《노인학 저널 The Journals of Gerontology: Series B》에 실린 논문을 읽고 지난 75년간 노년에 대한 사회적 시선이 어떻게 변화했는지 돌아보았다.

1946년 창간호에 발표된 논문부터 시작하면, 당시에는 노년을 '인류 사회의 문제'라고 일컬었다. 서구에서는 노인을 생산성이 낮고 체력이 약하며 병치레가 잦아 보살핌이 필요한, 사회적 부담이라고 여겼다. 아시아 국가에서는 노인이 지혜와 경험의 보고寶庫라며 공경하기는 했지만, 산업이 발전하고 생활 리듬이 빨라져 손쉽게 지식을 얻을 수 있게 되면서 예전만큼 존중받지 못하게 되었다.

심지어 1969년에는 '노인 차별ageism(연령주의)'이라는 단어까지 등장하며 노인에게 부정적인 꼬리표를 달아 사람들이 나이 드는 것을 두려워하게 만들었다.

그러나 1974년, 한 학자가 75세 이전의 '연소노인young-old(1946~1964년 태어난 베이비부머 세대 주도의 젊은 노인층-옮긴이)'이 여전히 건강하고 활기차다는 사실을 발견했다. 이는 의약과 공중 보건의 발전, 생활환경 개선 및 수명 연장의 결과였다.

1997년에는 한발 더 나아가 '성공한 노년'을 제창하기도 했다. 나이가 들어도 늙지 않고, 만성질환이 있어도 신체적·정신적으로 다치거나 치매에 걸리지 않도록 노년층에게 심신 건강, 심리적·사회적 기능을 유지하도록 격려했다.

이 논문을 읽다 보니, 나와 대화를 주고받은 한 시간 남짓 동안 노년에 대한 복합기 직원의 인상이 75년의 시공간을 훌쩍 통과한 것 같다는 생각이 들었다. 처음에는 나이 든 내 외모만 보다가 나중에는 내 인터넷 활용 능력을 연신 칭찬하며 끝났으니 말이다.

3C 제품 사용은
활기찬 노년의 목표 중 하나

요즘은 컴퓨터, 태블릿, 휴대폰 등 3C 제품을 사용하는 것이 활기찬 노년을 위한 중요한 목표가 되었다.

인터넷을 활용하면 세상일을 알고 새로운 지식을 얻을 수 있다. 재무관리도 할 수 있고, 문서를 처리하거나 사진을 주고받을 수도 있다. 게다가 영화를 볼 수도 있고, 다양한 커뮤니티에서 자유롭게 소통할 수도 있다. 특히 멀리 있는 아들딸, 손자 손녀와 영상통화가 가능해져 연장자의 생활권이 확대된다.

대만 아시아대학교Asia University가 2017년 《헬스케어 커뮤니케이션 저널Journal of Health Care Communications》에 발표한 논문을 살펴보자. 2013년 대만의 22개 도시 및 농촌 지역 50세 이상 주민을 표본 추출해 조사한 결과, 응답자 7,157명 중 43퍼센트가 인터넷을 사용했고 이는 나이, 성별, 직업, 수입, 교육 수준 등과 관련이 있었다. 응답자 중 65세 이상(2,525명)의 18퍼센트, 70세 이상(1,790명)의 15퍼센트가 인터넷을 이용하고 있는 것으로 나타났다.

1946년~1964년에 태어난 베이비붐 세대의 절반이 이미 노년기에 접어들었다. 이 연령대는 대부분 교육을 받았고 생산력이 높으며 과학기술의 발전 속도를 따라갈 수 있다. 지하철에서 수많은 노인이 쉼 없이 휴대폰을 만지작대는 것만 봐도, 인터넷을 사용하는 노인이 갈수록 늘어나는 중이라는 사실을 알 수 있다.

시대 흐름에 뒤처지지 않는 노인이라면 '애플apple'이라는 말을 들었을 때 아삭하고 맛있는 과일뿐만 아니라 브랜드의 이름까지 함께 떠올릴 것이다.

이렇듯 요즘 액티브 시니어는 이미 당신의 상상을 뛰어넘은 지 오래다.

 여기
애플페이 되나요?

언젠가 한 체인점에서 귤 한 봉지를 계산하려고 내가 물었다. "여기 애플페이Apple Pay 되나요?" 그러자 카운터 직원이 놀란 표정으로 고개를 끄덕였다. 지갑 앱을 열어 카드를 선택한 뒤 센서에 대자 생체 인식 후 결제가 완료되었다.

직원이 말했다. "그 연세에 애플페이로 결제도 하시고, 정말 대단하세요!"

나는 웃으며 말했다. "저 그렇게 나이 많지 않아요."

그럼에도 직원은 굴하지 않았다. "인생은 70부터 시작이죠!"

휴대폰으로 눈 깜짝할 사이에 해결한다

모바일로 결제하기 시작하면서, 계산원의 놀람과 감탄의 눈빛을 감상하는 건 어느덧 나의 일상이 되었다.

휴대폰이 있으면 전화나 메시지로 연락하는 건 물론이고 사진 전송, 온라인 수업, 화상회의도 쉽게 할 수 있다. 돈을 주고받는 것도 몇 초 만에 해결된다. 심지어 초밥을 살 때도 라인페이_{LINE Pay}로 QR코드만 스캔하면 그만이다.

친구들과 모여 식사할 때는 보통 한 사람이 먼저 계산을 하고, 그 후에 비용을 N분의 1로 나눠 계산한다. 그런데 이때 지폐나 동전을 주고받으면 번잡하기도 하고 분위기를 깨트릴 위험도 있다. 액티브 시니어인 내 친구 중 한 명이 라인페이를 사용하기 시작하면서 주위에 방법을 알려주었는데, 덕분에 지금은 식사를 마치면 모두가 앉은 자리에서 터치 몇 번으로 상대방 계좌에 돈을 보낸다. 그렇게 조용하고 우아할 수가 없다.

나이가 들면 마음은 그대로인데 지갑에서 지폐를 꺼내고 잔돈을 세는 동작은 갈수록 둔해진다. 간혹 짜증을 억누르는 계산원을 보거나 뒤에서 기다리는 손님의 초조함이 느껴질 때도 있다. 이럴 때 휴대폰을 꺼내 '삐' 소리 몇 번만 울리면 모두가 편해진다.

간단하게 과학기술을 배워
도우미로 쓰자

온라인으로 결제하면 정보 도용 등의 보안 문제가 생기기 쉽다며 걱정하는 사람이 많다. 하지만 나는 이런 상황이 '길 건너기'와 비슷하다고 생각한다. 아무리 신호등의 지시를 잘 따르고 조심한다 하더라도 음주 운전 차량을 만나거나 차량 급발진 사고가 날 수도 있는 것이다. 그래서 나는 과학기술의 편리함을 누리며 일어날 수 있는 미미한 위험을 기꺼이 감수하기로 했다.

또 언젠가는 외출할 때 휴대폰과 열쇠만 챙겨도 되는 날이 올지도 모르니 미리미리 적응해놓아야겠다는 생각이 든다.

나는 더 이상 젊지 않고 행동도 갈수록 둔해지지만, 뇌세포만큼은 여전히 활발한 액티브 시니어다. 간단한 학습을 통해 과학기술을 도우미로 쓰는 걸 좋아한다. 삶의 지팡이처럼, 과학기술을 잘만 활용하면 한결 편안하고 단순하며 근사한 인생을 살 수 있다.

 **노년의
새로운 재능 찾기**

어느 주말, 친구가 저녁 식사를 하러 오라며 집에 초대했다. 동석자 여덟 명 중에는 처음 보는 60대 남자가 있었다. 그는 주말 내내 온라인 수업을 듣는다는 내 말에 무심코 물었다. "아니, 그 연세에 아직도 온라인 수업을 들으세요?"

사람들이 웃음을 터트렸고 나는 우아하게 대꾸했다. "이만큼 오래 사는 것도 복이잖아요. 게다가 배움에 나이가 어디 있나요!"

모인 사람 중에는 뇌전증(간질) 치료 전문가를 찾는 이도 있었다. 나는 한 의사를 추천하며 이렇게 말했다. "그분이 77세라 나이가 좀 있으신데, 그만큼 경험이 풍부하세요." 말을 하고

서야 나는 그 의사의 나이가 나보다 겨우 몇 살 더 많은 정도라는 사실을 깨달았다. 나조차도 다른 사람을 보며 늙었다는 생각을 자주 하면서 정작 내가 명실상부한 노인이라는 사실은 잊어버린 것이다.

> 이제부턴 내가 원하는 대로
> 시간을 쓸 수 있다

16년 전, 타이베이룽민 종합병원을 그만둘 때 한 의과장이 말했다. "한 달만 지나봐. 심심하다면서 다시 출근하겠다고 할걸?"

나는 속으로 중얼거렸다. '과연 그럴까요?'

59세의 나이로 아무런 미련 없이 퇴직할 수 있었던 건 부모님께 감사해야 하는 부분이다. 고된 훈련을 버틸 만큼 건강한 몸을 주신 덕에 젊은 시절 밤을 새워가며 쉬지 않고 환자를 돌볼 수 있었다. 또 어려서부터 엄격한 교육을 받은 덕에 좌절을 견디고 자신감을 키울 수 있었다.

34년간 의사 생활을 하면서 많은 것을 경험했다. 스승님의 가르침을 받았고, 도움을 주는 귀인들을 만났고, 동료들과 서로 돕고 격려하며 경쟁도 했다. 환자들에게서는 생명에 관해 배웠다. 비록 빡빡한 일정을 따라가느라 정신없이 바빴고 몸과 마음이 지치긴 했지만, 성공적으로 환자들을 치료했을 때는 큰 성취감을 느꼈다.

병실과 진료실에서 생로병사를 수없이 목도하면서 생명의 소중함과 연약함, 예측 불가능성을 절감했다. 그래서 경제적 안정과 독립적인 성격을 바탕으로 기쁜 마음으로 조기 퇴직을 선택했다. 앞으로 남은 황금 같은 세월은 내가 원하는 대로 시간을 쓸 수 있다는 생각에 감사하며 말이다.

새로운 지식을 배우는 걸 취미로 삼는다

나는 어렸을 때 품었던 "나중에 커서 무엇이 되고 싶다"라는 희망처럼 퇴직할 때도 나름의 포부가 있었다. 의료계 너머의 광활한 세계를 보며 세상의 아름다움을 느껴보고도 싶었고, 다른 한편으로는 의사와 환자의 소통을 돕는 다리가 되어보자는 생각도 컸다. 그래서 매달 꾸준히 신문과 잡지에 칼럼을 기고하면서 의사, 환자, 가족 사이를 오가며 다양한 역할을 수행했다.

글감을 찾고 영감을 얻기 위해 시종일관 눈을 크게 뜨고 귀를 쫑긋 세웠다. 내 주변, 거리, 지하철, 병원을 관찰하며 소재가 될 만한 게 없는지 살폈다. 친구에게 대놓고 이렇게 묻기도 했다. "나한테 물어볼 의학 문제 같은 거 없어?"

친구가 무심코 던진 한마디에 글감이 떠오르면 이내 친구를 붙들고 말했다. "방금 했던 말 너무 좋은데 다시 한번 말해줄래?"

한 친구가 다른 친구들에게 농담조로 경고했다. "다들 말할 때 조심해. 언제 얘가 소재로 갖다 쓸지 모른다." 실제로 이름, 나이, 성별, 내용을 살짝 바꿔서 친한 친구의 병이나 소감을 소재로 쓴 적이 꽤 많으니 틀린 말은 아니다.

글감을 찾는 또 다른 방법은 매주 한 시간 동안 진행되는 증례 토론회에 참석해서 레지던트가 보고하는 특이 케이스와 최신 의학 문헌을 보고 듣는 것이다.

의학은 하루가 다르게 발전한다. 특히 각종 분자생물학적 표지자와 유전자 검사가 계속해서 발전하고 있고 임상과 기초의학의 조화를 모색하는 추세이기 때문에 적극적으로 경청해야 흐름을 따라잡을 수 있다.

요즘 젊은 의사들은 참 대단하다. 환자도 돌보고 새로운 의학 지식도 공부하며 배운 내용을 전달하는 능력마저 뛰어나니 말이다. 후배 의사들이 제작한 PPT 자료와 영상을 보면 감탄이 절로 나온다. 나의 글쓰기 소재를 풍성하게 해줘 고마우면서도 한편으로는 다행스럽기도 하다. 나는 일선에서 물러난 덕분에 업무상 필요해서가 아니라 취미로, 새로운 지식을 공부할 수 있다는 생각이 들어서다.

나는 줄곧 다양한 종류의 책을 읽어왔지만 특히 인터넷에서 각종 의학 간행물을 즐겨 읽는다.

예전에는 근무만 하기에도 시간이 빠듯해 요점만 골라 빠르게 읽을 수밖에 없었다. 요즘은 인터넷으로 이것저것 실컷 구경하다 보면 한 가지 주제에서 또 다른 질문들이 꼬리를 물고 생겨나는데, 그 재미가 쏠쏠하다. 이를 통해 학구열과 호기심을 충족할 수 있을 뿐 아니라 칼럼에 쓸 소재를 얻기도 한다. 그런 까닭에 늘 시간이 부족하게 느껴지고 잠자리에 들기도 아쉽다. 그래서 나는 아침에 알람이 울리자마자 벌떡 일어나 컴퓨터를 켜고 계속 이어서 읽는다.

다양하게 시도해보고
마음에 드는 수업을 찾자

막 퇴직했을 때, 내가 어떤 재능을 계발할 수 있을지 궁금했다. 그래서 지역 교육센터나 다른 단체에서 컴퓨터, 그림, 악기 등 여러 수업을 신청해 들었다.

이것저것 시도해본 결과 확실히 내가 미처 계발하지 못해 안타까워할 만한 숨은 재능은 없다는 사실을 깨달았다. 그래서 내가 진짜 좋아하는 수업들만 신중히 골라 간추렸다. 글쓰기, 중국어·영어 노래 교실, '숲길 걷기'와 '장년 야유회'에만 참여해도 꽤 바쁜 스케줄이다.

수업을 들으면 뭔가를 배우기도 하고 재미도 있다. 몸도 튼튼해지고 시야도 넓어지는데, 무엇보다 새로운 친구를 사귈 수 있어서 좋다. 서로 잘 맞으면 어울리고 안 맞아도 굳이 그 사람을 바꾸려고 할 필요가 없다.

어떤 사람들은 퇴직하고 나서야 비로소 자기 주변에 동료만 있고 친구는 없다는 사실을 깨닫는다. 나이를 먹을수록 배우자도 함께 늙어가고 자식들은 부모 품을 떠나거나 일하느라 바쁘다. 무엇보다도 혼자 사는 경우에는 친구가 정말 중요하다.

나는 참 행운아인 게, 못 할 말이 없는 막역한 친구들이 옆에 있을 뿐 아니라 때때로 나와 병원까지 동행해준다. 또 고맙게도 자주 왕래하고 죽이 잘 맞는 친구들도 있다. 맛집 투어, 해외여행, 자연 풍광 감상, 하이킹, 골프 등 취미가 같은 사람끼리 모인 단톡방도 여러 개다. '여유 시간이 있고 흥미가 생기는 활동이 있으면 무조건 참여해야 제명당하지 않는다'라는 것이 나의 지론이다.

    요즘도 이렇게 묻는 사람들이 있다. "퇴직하니까 심심하지 않으세요?"

    내가 하고 싶은 말은 이렇다. 삶에 목표가 있고 호기심과 배움을 향한 열정을 유지하며 꾸준히 운동하면 혼자서도 잘 지낼 수 있다. 또 친구들과 즐거운 시간을 보내고 하루하루 감사하는 마음으로 살아가면 인생을 충실하게 보낼 수 있다.

지금이 가장 좋은 시기다

　예전 직장 동료 두 명이 최근에 연이어 정년퇴직을 했다. 내가 과 주임이던 당시 레지던트였던 두 사람을 떠올리니 불현듯 내가 퇴직한 지도 벌써 16년이 되었다는 사실을 깨닫게 되었다. 공교롭게도 내가 초등학교에 들어가서 대학을 마칠 때까지 공부한 햇수와 꼭 같았다.

　순간 나도 모르게 생각에 잠겼다. 16년이라는 긴 세월이 마치 눈 깜짝할 새에 지나간 것만 같다. 이 시간 동안, 의사와 환자 사이에 필요한 다리가 되고자 칼럼을 두 개씩 꾸준히 쓴 것 외에 75세의 나는 과연 무엇을 배웠을까?

1 | 노화에 순응하고
나의 현재를 소중히 여겨야 한다

나는 '70세'가 분수령이라고 생각한다.

60세부터 70세까지는 나이가 좀 있긴 하지만 정신적으로나 신체적으로나 약해졌다는 생각은 들지 않는다. 오히려 퇴직하고 여유 시간이 많아져서 단체 여행을 가거나 자기계발 수업을 듣거나 새로운 취미를 찾는 등 편안한 마음으로 인생을 충실하게 살 수 있다.

그런데 70세를 지나면서 크고 작은 병들이 하나둘 나타난다. 원래 좋아하던 활동을 포기해야 할 만큼 병세가 심각할 때도 있다. 예를 들어 15명으로 구성된 골프 모임이 있는데, 지난 30년 동안 세상을 떠난 사람도 있고 치매나 다른 질병으로 더 이상 골프채를 휘두를 수 없게 된 사람도 있다. 팬데믹 기간에는 골프 모임이 휴면 상태에 들어갔다. '인생은 70부터 시작'이라는 말이 70세부터 병이 나기 시작한다는 말인가 싶으면서, 앞으로 몸에 이런저런 이상 징후가 끊임없이 나타날 수 있겠다는 생각이 들었다.

따라서 지금이 가장 좋은 시기이며, 하고 싶은 일이 있으면 지금 당장 주저 없이 해야 한다.

회식 자리나 여행에 초대하는 친구가 있으면 시간이 허락하는 한 참석한다. 단, 산을 오르고 물을 건너는 등 난이도가 높은 활동은 심사숙고해야 한다. 혼자서 독서, 글쓰기, 산책, 드라마 정주행을 즐기는 것도 좋다.

70세 이전까지는 새로운 취미를 발견하고 잠재력을 계발하는 데 중점을 둔다.

70세 이후로는 체력을 유지하고 에너지를 집중하여, 자신이 가진 강점과 흥미를 발휘해 자아를 실현하는 데 주력한다.

2 | 젊은 친구를 사귀면 생활에 활력이 생긴다

나이가 70이 넘으면 부모님이 세상에 안 계실 수도 있고 형제자매도 함께 늙어가며 자식들은 일하고 자기 삶을 사느라 바쁘다. 비슷한 환경의 오래된 친구들과 어울리는 게 가장 편안할 테지만, 그럼에도 새로운 친구 사귀는 걸 잊지 말아야 사회에서 겉돌지 않는다.

회원 수가 44명인 또 다른 골프 모임이 있다. 기존 팀원이 탈퇴할 때도 있지만 젊은 회원이 들어와 활력을 더하기도 한다. 내가 오랫동안 참여하고 있는 '여성성장단체'에도 가끔 젊은 회원이 들어와서 새로운 관점을 제공한다. 물론, 섣불리 모임을 그만두지 않도록 해야 한다.

　　　3 | 배움은 평생,
　　　과학기술로 여생을 즐겁게 보낼 수 있다

　　뇌는 적응하는 성질이 있어서 자주 사용하면 발달하고 그러지 않으면 퇴화한다. 웨이트 트레이닝으로 근력을 단련하듯이 뇌세포도 쓰면 쓸수록 활발해진다.
　70세가 넘으면 배우는 속도가 좀 더딜 수 있지만 나이 들면 남는 게 시간 아닌가. 인내심만 있다면 언제든 컴퓨터나 휴대폰으로 인터넷에 접속하고 라인, 이메일, 페이스북, 영상통화 등 각종 통신 소프트웨어를 활용하여 가족이나 친한 친구들과 소통하고 세상과 연결될 수 있다.

　　　4 | 긍정적 사고는 가장 강력한 보호막이다

　　80세 친구 하나가 1기 유방암으로 수술을 받았는데 약을 먹으면서 생긴 안구건조증과 무릎 퇴화로 고생하고 있었다.
　친구가 탄식했다. "나이 드니까 여기저기 아프고 난리네!"

내가 격려하며 말했다. "나이 들어서야 아프기 시작하니 얼마나 다행이에요."

졸업한 지 62년이 된 초등학교 동창 12명이 한자리에 모였다. 한 명씩 돌아가며 소감을 말했는데, 태반이 이런저런 병을 앓고 있었다. 양쪽 대퇴골 골절로 수술하고 1년 넘게 재활한 뒤 어렵게 모임에 참석한 친구가 말했다. "침대에 누워서 여생을 보내지 않아도 된다는 사실이 그저 감사할 따름이야."

우리 동창들을 보면 유전자, 환경, 좋은 기회가 인생에 어떤 영향을 미치는지 알 수 있다. 목소리가 우렁찬 한 친구는 기력이 넘치고 쌩쌩하며 지병도 없었다. 위안린員林에 사는 그녀는 텅산藤山 트레일을 매일같이 걷는다. 또 한 친구는 동작이 재빠르고 우리 후배처럼 보일 정도로 동안이었다.

가정주부이든 직장인이든, 자식과 손자 손녀를 열심히 키우든, 혹은 직업적으로 성공했든 간에 이제는 다들 자기 삶에 만족하며 감사한다. 자기 팔자가 좋다고 여기거나 유머를 섞어 자조하는 사람도 있다. 우리 모두가 바라는 희망 사항은 독립적이고 매사에 감사하며 자유롭고 유쾌한 노인으로 살아가는 것이다.

나이 드는 일은
그렇게까지 무섭지 않다

예전에는 까마득하다고 생각했는데 어느새 나는 소녀에서 퇴직한 액티브 시니어가 되었다. 어릴 때는 부모님이나 선생님의 생각이 고리타분하다고 여겼는데, 요즘 젊은 사람들 눈에도 내가 그렇게 보이지 않을까?

'독립적이고 주체적인 삶'이야말로 노년의 과업

며칠 전, 미국에 정착한 대학 동창 수링淑玲이 혼자 사는 아버지를 뵈러 대만에 왔다. 우리는 회포를 풀기 위해 서양식 레스토랑에서 만났고 둘 다 대구 정식을 주문했다.

구운 대구의 육질이 부드럽고 맛도 있었지만 샐러드바도 있고 탕, 빵 등 먹을거리가 많아서 대구는 1인분만 나눠 먹고 나머지 1인분은 포장하기로 했다. 수링의 아버지께 갖다드리기로 한 것이다.

수링이 직원에게 말했다.

"보기 좋게 포장 좀 해주세요."

젊은 아가씨가 난색을 표하자 내가 얼른 한마디를 덧붙였다. "이 친구 아버지께 가져다드릴 거라서요." 아가씨가 백발이 성성한 우리를 보더니 눈을 크게 뜨며 물었다.

"아버님 연세가 어떻게 되시는데요?"

"97세요."

젊은 친구가 놀란 건지 감동받은 건지 모르겠지만 조심스럽게 대구를 포장하기 시작했다.

우리에게도 젊은 시절, 심지어 젖먹이일 때가 있었다는 사실을, 그리고 수링의 아버지도 날 때부터 97세는 아니었다는 사실을 그녀로서는 상상하기 힘들 것이다.

97세이지만 퇴직한 의사인 수링의 아버지는 지금도 여전히 정정하시다. 매일 이른 아침에 집 근처 PX마트까지 걸어가서 신문을 사고 낮 12시에는 상점가에서 도시락을 산다. 자주 근처 서점에 들러 구경하고 은행에서 볼일을 볼 때도 있다. 집에서는 신문이나 TV를 보고 매주 놀러 오는 친구와 장기를 둔다.

식성이 좋고 잠도 잘 자고 목소리가 우렁차고 기운이 넘치는 그는 '독립적이고 주체적인 삶'을 노년의 과업으로 여긴다.

나이 들어도
활기찬 생활을 즐길 수 있다

최근 캘리포니아대학교 어바인 캠퍼스가 2022년 학술지 《노화신경생물학 Neurobiology of Aging》에 발표한 사례 보고서를 읽었다. 고혈압과 부정맥이 있고 피부암과 전립선암이 다른 곳으로 전이된 96세 어르신이 치료를 받고 병세를 억제했다는 내용이었다. 그는 사망하기 4개월 전까지 움직임만 살짝 둔해졌을 뿐 인지기능검사 결과는 정상이었다. 사망 후 그의 뇌를 해부해보니 중증 알츠하이머병과 기타 퇴행성 치매의 뇌병변이 확인되었다.

뇌에 뚜렷한 병변이 있었는데도 왜 임상에서는 치매 증상이 없었을까?

해당 사례 보고서의 저자는 어르신의 교육 수준이 높고 몸과 머리를 쓰는 활동을 쉬지 않고 왕성하게 해온 덕분이라고 보았다. 예를 들어 그는 자원봉사자로 일하고 언어를 배웠으며 94세까지 자가 운전을 하다 이후에는 대중교통을 이용했다. 하루도 빠짐없이 운동하고 95세까지 버스 여행을 자주 다녔다. 96세에 심폐부전으로 사망할 때까지 매일 걷고 책을 읽었으며 집안일과 자산 관리를 했다.

어쩌면 나이 드는 일은 그렇게까지 무서운 게 아닐지도 모른다. 몸이 병들고 심지어 뇌에 병변이 있어도 신체 활동과 지적 활동을 꾸준히 하면 활기찬 노년을 즐길 수 있다.

만성질환이 생겨도 두렵지 않다

나이 들면 다른 좋은 점도 있다. 예를 들어 90대 어르신 한 분이 경막하출혈을 겪었다. 하지만 뇌위축(뇌의 크기가 감소하는 것-옮긴이)이라 뇌가 압박을 받지 않을 정도로 혈액을 담을 공간이 충분해 신경 손상을 입지도 않았고 증상도 없었다. 수술이 급한 상황도 아니었으며 나중에는 혈액도 저절로 흡수되었다.

우리의 건강은 유전자, 환경, 의료, 기회, 생활 양식, 심리 상태 등 여러 요소의 영향을 받는다. 그중에 내 마음대로 할 수 있는 건 '건강한 생활 습관'과 '긍정적인 마음가짐'뿐이지만 이 두 가지는 활기찬 생활을 유지하는 데 큰 힘을 발휘한다. 다시 말해 신체 활동(단, 본인의 능력치에 맞게 실시해야 한다), 지적 활동, 사교 활동을 꾸준히 하고 매사를 좋게 보는 긍정적인 사고 습관을 길러야 한다.

그러면 나이가 70이 넘어 만성질환이 생겨도 수링의 아버지처럼 '독립적이고 주체적인' 노년을 살 수 있다.

나이가 들면 신진대사가 느려지고 식사량이 줄어든다. 어쩌면 10년 후 수링과 내가 다시 이 식당을 찾을 때는 대구를 1인분만 시켜 절반만 먹고 나머지 절반은 다음 끼니로 먹으려고 포장해 갈지 모른다. 얼마나 돈을 절약하는 셈인가!

노년에는
어떻게 친구를 사귈까?

얼마 전 한 커뮤니티 강연에서 액티브 시니어가 혼자 살아도 외롭지 않은 방법들을 이야기했는데, 그중 하나가 '친구들과 어울리기'였다. 친구와 하이킹이나 여행을 가고 같이 모여 식사하거나 수다를 떨며 이런저런 이야기를 나누면 "나이 들어도 늦지 않을 수 있다"는 것이다.

한 중년 남성이 물었다. "노년에는 어떻게 친구를 사귀어야 합니까?"

좋은 질문이라 성실히 답하려고 노력했다. "우리는 인생의 단계마다 다양한 친구를 사귀지만 각자 가정과 사업을 챙기기 바빠 서로 왕래가 뜸해지죠. 그러다 퇴직 후에 연락이 닿는

데 특히 초·중·고등학교나 대학교 때 친구들이 가장 믿음직합니다. 지역 교육센터에서 수업을 듣거나 중장년 모임, 종교 활동, 단체 관광 등에 참여하다 보면 친절하고 다정한 친구를 만날 수도 있어요. 마음이 맞는 친구 한 명만 사귀어도 서로 소개를 주고받으며 교우 관계가 넓어지기도 합니다."

예전에 혼자 유럽으로 패키지여행을 간 적이 있는데 60대 초반인 네 사람과 한 팀이 되었다. 그 사람들을 통해 줄줄이 사탕처럼 다른 친구들도 합류하며 11인조 '행복식당'이 되었는데 60세부터 74세까지 연령대도 다양했다. 우리는 지역 교육센터 수업도 같이 듣고 비정기적으로 모여 식사하거나 교외로 소풍을 가기도 한다. 개인 취향이나 각자 스케줄에 따라 내키는 대로 모임에 참석하며 강요하지 않아 부담이 없다.

액티브 시니어의 자유여행

12월 중순은 여행하기 좋은 시기다. 연말에는 다들 느슨해지고 기분도 덩달아 차분해진다. 크리스마스의 즐거운 분위기가 느껴지기는 하지만 온 가족이 모여 왁자지껄한 음력설은 아직 오지 않은 이때가 액티브 시니어에게는 아무 걱정 없이 여행을 떠나기에 최적인 시기다.

'행복식당'의 행동대장인 샤오마小馮가 멤버 여덟 명을 모아 철도로 섬을 일주하는 4박 5일 자유여행을 다녀왔다.

기획을 맡은 다싱大星이 샤오마와 여행 일정을 짜고 관광지를 선정했다. 타이난시, 가오슝시, 타이둥시를 거쳐 화롄시까지 이어지는 경로로 숙소를 예약하고 인터넷에서 기차표를 구매했는데, 고속철도THSR와 대만철도TRC를 비롯한 다양한 대중교통을 망라했고 전부 반값인 경로 우대권이었다.

마지막 날 화롄에서 운전기사를 고용해 9인승 미니밴을 타고 타이루거太魯閣와 치싱탄七星潭 등을 여행한 것 외에는 대부분 걸어 다녔다. 매일 1만 보 넘게 걸으며 패키지여행에서는 가지 않는 곳들을 누볐다. 현지 간식과 특색 있는 음식을 맛보고 사람들에게 잘 알려지지 않은 길을 걷기도 했는데, 시간에 쫓기지 않고 피곤하지도 않아서 즐겁고 편안한 여행이었다.

이 '철도 따라 뚜벅이 섬 투어'가 성공적이었던 건 사전에 인터넷으로 충분히 조사했고 인솔자가 있었으며 각자가 맡은 바 역할을 다한 덕분이었다.

여행지 대부분은 다싱 부부가 예전에 다녀왔거나 좋아하는 명소들이라 두 사람이 가이드를 맡았다. 단체 여행을 하다 보면 돈 관리를 담당할 사람이 필요하기 마련이라, 우리는 일단 돈을 조금씩 걷어 샤오쥐안小娟에게 주고 그녀가 식비 등 잡다

한 비용을 일괄적으로 지불하게 했다. 샤오선小瀋과 샤오진小金은 여행 내내 휴대폰으로 사진을 찍으며 모두의 모습을 담았다. 나는 별다른 임무가 주어지지 않아 그냥 즐겁게 따라다니며 마음껏 즐기면 그만이었다.

가장 중요한 건 모든 사람이 자신과 함께해준 일행과 그들의 노고에 진심으로 감사하며 함부로 의견을 내거나 원망하지 않았다는 점이다.

사람마다 걷는 속도가 다르기도 하지만 반드시 모든 행동을 다 같이 해야 하는 건 아니다. 차를 타거나 식사를 할 때처럼 결정적인 순간에 시간 맞춰 오기만 하면 된다. 그런데 다들 하나같이 약속이라도 한 것처럼 5분 일찍 집합 장소에 나타났고, 알아서 시간을 잘 지켜준 덕분에 완벽한 여행이 될 수 있었다.

단출한 행장을 꾸려 위풍당당하게 횡단보도를 건너는 은발의 노인 군단은 그야말로 진풍경이었다.

이른 아침 타이난시의 수이핑원水萍塭 공원에서 즐겁게 수다를 떨기도 했다. 다양한 포즈로 사진도 찍고 운동하던 무리를 따라 스트레칭도 했다. 이런 것들은 자녀, 손자 손녀 등 가족과 놀 때와는 전혀 다른 재미다.

무엇보다 젊은 사람들처럼 대중교통으로 자유여행을 하고

언제 어디서든 인터넷으로 자료를 찾을 수 있다는 데 성취감을 느꼈다. 시대의 흐름을 따라가고 있는 듯한 기분이 들었다.

> 마음을 열고
> 새로운 벗을 맞이하자

친구끼리는 서로 잘 맞으면 우정이 오래간다. 시간이 없어 연락이 뜸해지거나 취향이 달라도 무리하게 강요하지 않는다면 사이가 소원해질지언정 아예 인연이 끊어지지는 않는다.

길고도 넓은 인생길, 어쩌면 마음을 열고 호의적인 말 한마디를 건네는 것만으로도 새로운 우정이 시작될지 모른다.

 ## 인생의 마지막 순간까지
병을 늦추는 법

친구가 바람 쐬러 드라이브를 가자고 했다. 우리는 타이베이시에서 단수이^{淡水}까지, 베이하이안^{北海岸}을 따라 진산^{金山}에 갔다가 양밍산^{陽明山}에 접어들어 한 바퀴를 빙 돌았다. 아름답고 탁 트인 풍경을 보니 기분이 날아갈 것 같았다.

친구가 말했다. "예전에는 70세 어르신들 보면 너무 늙었다 싶었거든요. 그런데 이제 제가 그 나이예요. 그래도 이렇게 여유롭고 자유롭게 살고 있잖아요. 정신없이 일하고 피곤하던 젊었을 때랑 비교해도 육체적으로나 정신적으로 전혀 뒤지지 않는 것 같다니까요."

몇 살 더 먹은 나도 깊이 공감한다. 남들 눈에는 할머니처럼 보이고 만성병을 달고 살지만 나는 여전히 활력이 넘치고 머리도 팽팽 잘 돌아가며 호기심도 그대로다. 부디 이런 충실한 삶이 오래 지속되기를 바랄 뿐이다.

> 백 살까지 산다고
> 다 치매에 걸리는 건 아니다

젊었을 때 미국신경학회 연례학술회의에 참석해서 어느 신경과 의사의 은퇴 계획을 들었는데 그중 하나가 '추적 관찰 연구 대상으로 노년 연구에 참여하는 것'이었다. 그의 재미있는 용어 선택에 회의장은 웃음바다가 되었다.

물론 퇴직한 의사는 시간도 많고 나이가 곧 밑천이라 피실험자로 노년 연구에 참여하는 건 의학에 기여하는 일이기도 하다.

위생 환경 개선과 생활 수준 향상, 의학 발전 덕분에 선진국에서는 장수가 흔한 일이 되었다. 문제는 '어떻게 건강하게 오래 사느냐', 즉 어떻게 하면 인생의 마지막 순간까지 병을 늦출 수 있느냐 하는 것이다.

많은 나라에서 노년층과 100세 이상 노인에 대한 장기적인 추적 관찰 연구를 진행하고 있으며, 치매를 예방하고 발병을 늦추는 요인을 비롯해 건강과 장수의 요인을 찾아내는 데 그 목적이 있다.

2003년 《노년학 저널》에 발표된 〈뉴잉글랜드 100세 이상 노인 연구The New England Centenarian Study〉라는 제목의 논문에서 평균연령이 102세인 미국 노인 424명(남성 101명, 여성 323명)을 대상으로 수행한 연구 결과는 다음과 같았다.

- 피실험자 중 100세까지 노화 관련 11가지 질병(단, 치매 제외)을 전혀 겪지 않은 사람들은 15퍼센트다. 이들을 '탈출자들escapers'이라고 칭한다.
- 80세부터 100세 사이에 발병한 이들은 43퍼센트로, '지연자들delayers'에 속한다.
- 80세 전에 이미 발병한 이들은 42퍼센트로, 이른바 '생존자들survivors'이다.

이를 통해 발병을 최대한 늦춰 건강한 노년에 이르는 일이 가능하다는 걸 알 수 있다. 지금도 연구자들은 100세 이상 노인과 그 자손을 피실험자로 모집해 장기간 추적 관찰하며 유전자, 가족력, 행동 등 건강과 장수에 영향을 주는 요인을 연구하고 있다.

2021년 미국의 국제학술지 《자마 네트워크 오픈JAMA Network Open》에 발표된 네덜란드의 〈100세 이상 노인 연구The 100-plus Study〉 논문도 있다. 고등학교 수준의 학력을 가진 평균연령이 105세인 네덜란드 노인 330명(남성 91명, 여성 239명)을 대상으로 조사한 결과, 모두 인지 기능이 정상이었고 그중 187명은 독립생활이 가능한 수준이었다.

피실험자들은 1년에 한 번씩 가정방문 평가를 받는데 평균 추적 관찰 기간은 1.6년(0~4년)이며 추적 관찰 기간 동안 기억력이 다소 감퇴한 것 외에 다른 인지 기능은 정상으로 유지되었다.

그중 사망한 44명의 뇌를 해부했더니, 정도의 차이는 있지만 알츠하이머병 '아밀로이드증amyloidosis' 병변이 발견되었다.

통계 분석 결과, 사람의 뇌에 아밀로이드가 침착沈着된 정도는 인지 기능과 아무 관련이 없었다. 즉, 나이는 알츠하이머병의 가장 큰 위험 인자이긴 하지만 100세까지 산다고 해서 무조건 치매에 걸리는 것은 아니다. 또한 뇌에 아밀로이드 병변이 있어도 임상에서는 치매 증상이 나타나지 않는 경우가 있는데, 이는 뇌에 저축해둔 '인지 예금'이 충분해서 가소성이 생긴 덕분이다.

노년에도 활기차고, 두뇌 회전이 빠르고,
호기심이 왕성할 수 있다

이런 이유로 나는 친구와 서로 격려했다. 건강한 생활 방식을 유지하고 '인지 예금'을 꾸준히 넣어두면 100세까지 산다는 보장은 없어도 최소한 활기찬 노년 생활을 즐길 수 있다고, 그리고 남은 생을 함께 보내줄 배우자나 친구가 곁에 있다면 더욱 즐겁고 자유롭게 살 수 있다고 말이다.

 혼자 지내도
외롭지 않은 생활 철학

    80세인 A 씨는 가족과 함께 살았다. 고혈압과 관상동맥질환을 약물로 다스리면서 웬만한 일은 알아서 처리하고 자주 밖에 나가 돌아다니기도 했다.

  그랬던 A 씨가 코로나19 기간엔 네 달 동안 거의 매일 집에 틀어박혀 TV만 봐야 했다. 뉴스에서는 연일 "전염병이 확산되는 시기인 만큼, 외출 시 확진자와 접촉할 위험이 있다"라고 보도했다. 사망자 중 대다수가 고령의 만성질환자라며 외출을 자제하라고 강조하기도 했다. 가족들 역시 경계 태세에 돌입해, 근처 편의점에서 신문이라도 사 오려는 A 씨의 바람을 묵살하기 일쑤였다. 대신 아들은 A 씨를 위해 집까지 배달되는 신문 정기 구독을 신청했다.

　문제는 가택 격리가 막바지에 이를 때쯤 벌어졌다. A 씨가 신문과 TV조차 보지 않고 식욕 감퇴와 수면 장애, 호흡곤란, 배변 장애에 시달리기 시작한 것이다. 원래는 너무 오래 살아서 생활비가 부족할까 봐 걱정이었건만 이제는 돌연 살날이 얼마 안 남은 사람처럼 보였다. 우울해하다가도 가끔 과격하게 구는 등 감정이 널을 뛰었다.

　보다 못한 아들이 A 씨를 병원에 데려갔고, 의사는 마음을 가라앉히는 데 도움이 되는 신경안정제를 처방했다. 약을 복용하고 코로나19의 여파가 잦아든 이후 외부 활동을 다시 시작하면서, A 씨의 상황은 눈에 띄게 개선되었다.

　노인은 면역력이 약해서 코로나19에 쉽게 감염되고 병세가 심각할 수 있다. 실제로 팬데믹 동안 독거노인들은 생활 자원이 부족하고 밖에서 장도 볼 수 없으며 진료받기가 힘들거나 진료받을 엄두가 안 나는 등 여러 애로 사항을 겪었다. 다행히 A 씨는 돌봐줄 가족이 있었지만 다들 직장이 있어서 A 씨와 함께 시간을 보낼 겨를이 없었다.

　사회적 거리를 유지하고 다른 사람과의 접촉을 줄이는 것이 바이러스 전파를 예방하는 효과적인 방법이기는 하다. 하지만 양날의 검처럼 노인에게는 불안과 우울증을 쉽게 유발하는 원인이 될 수 있다.

나이가 들수록 '혼자 사는 법'을 연습해야 한다

사람은 무리 지어 사는 동물이다. 예로부터 사람은 모여 살며 서로 온기를 나누고 생존을 추구했다. 의학 연구에 따르면, 좋은 사회적 관계는 면역력을 높이고 심혈관질환과 치매 등의 발병 위험과 사망률을 낮추는 데 도움이 된다.

코로나19가 전 세계적으로 기승을 부리던 시기에 유럽과 중국은 일부 도시를 봉쇄했다. 비록 전염병 확산을 막기는 했지만 사회적 격리로 인해 불안, 우울, 공포, 분노 등의 감정이 싹텄다. 특히 코로나19로 가족을 떠나보낸 슬픔은 더 말할 필요도 없었다.

이와 관련한 의학 논문들이 우후죽순처럼 쏟아졌다. 2021년 8월 정기간행물 《수면 의학Sleep Medicine》에 실린 한 논문은 2020년 5월부터 8월까지 온라인 설문 조사를 통해 평균연령이 41세인 13개국 성인 총 2만 2,330명을 조사했다. 그 결과 응답자의 36퍼센트는 불면, 25퍼센트는 불안, 23퍼센트는 우울 증상을 보였다.

대만은 팬데믹으로 도시를 봉쇄하지는 않았지만 사회적 격리 조치는 엄격하게 실시했다. 제3급 경계 기간에는 여행, 모임, 회식을 포함한 모든 사교 활동이 중지되었고, 병문안을 가거나 병원 진료에 동행할 수 있는 인원수도 제한했다. 노인들의 사교 범위는 원래 좁아서 불안과 우울감이 더 쉽게 드러나는데, A 씨의 경우도 그중 하나였다.

물론 '혼자 살기'에 잘 적응한 사람들도 있다. 여기에 그들의 방법을 소개하려 한다.

1 | 하고 싶었지만 할 시간이 없었던 일을 끝낸다

옷장에서 옷을 분류하거나 안 입는 옷을 정리한다. 사놓고 방치해둔 새 책을 읽는다. 소재나 지면에 구애받지 않고 글쓰기를 시작한다. 드라마를 정주행하며 또 다른 시공간으로 들어간다. 집에서 노래를 연습하며 즐거운 시간을 보낸다. 새로운 요리법을 시도하거나 새로운 취미를 찾는다.

그중에서도 나는 독서를 가장 좋아한다. 독서는 마치 저자와 나누는 대화 같기도 하고, 소설의 경우 인물이 처한 상황을 간접경험하고 희로애락을 느낄 수 있기 때문이다.

2 | 운동을 한다

꾸준히 운동하면 체력을 유지하고 면역력을 증진할 수 있다. 집에서 온라인 영상을 보며 스트레칭을 하고 기공이나 간단한 댄스 스텝을 연습해도 좋다. 러닝머신에서 달리거나 공원을 걸으면 몸과 마음이 편안해진다.

3 | 3C, 첨단 제품, SNS를 충분히 활용한다

예를 들어 영상 진료, 백신 접종 온라인 예약, 재택근무, 화상회의나 온라인 수업을 할 수 있다. 혹은 따로 사는 가족이나 손자 손녀와 영상통화를 하거나 짧은 동영상을 보낼 수도 있다.

특히 라인 같은 통신 소프트웨어로 그룹 채팅방에서 이야기를 나누고 정보도 교환하면 소속감을 느낄 수 있어 외롭거나 쓸쓸하지 않다. 그런데 만약 불확실한 정보라면 괜히 쓸데없는 불안감을 조성할 수 있으니 전달하지 않는 게 좋다.

집에 있는 시간이 많아졌다는 건 젊은이가 노인에게 스마트폰과 각종 SNS 사용법을 알려줄 수 있는 좋은 기회이며, 이는 노년의 생활권을 확대하는 데 도움이 된다.

코로나19 변이가 나타나 또 어떤 영향을 미칠지 우리는 장담할 수 없다. 하시만 또다시 사회적 격리 조치를 시행할지 여부와 상관없이, 나이가 들수록 사람들과 어울리는 법뿐만 아니라 혼자 지내도 외롭지 않은 생활 철학을 배워야 한다.

2장

나, 설마 치매인가?

치매는 알고 나면 무섭지 않다

액티브 시니어는
치매와 멀어지고 있다

근교 산 둘레길을 걸을 때마다 등산 스틱을 짚고 활보하는 액티브 시니어들을 많이 만난다. 또 지역 교육센터에서 외국어, 회화, 노래, 악기, 휴대폰 앱 등을 열심히 배우며 치매와 멀어지고 있는 액티브 시니어들을 볼 때면 감탄이 절로 나온다.

알츠하이머병은 뇌가 퇴화해서 생기는 병으로 가장 흔한 치매 유형이다. 인지 기능이 저하되는 경증부터 다른 사람의 도움 없이는 일상생활이 불가능한 중증까지 병세가 다양한데, 8년에서 12년까지 지속될 수 있어서 대부분의 노인이 가장 걸리지 않기를 바라는 질병이다. 임상적으로 진단할 때는 정신

기능 평가와 각종 검사를 거쳐 의사가 판단해야 한다.

뇌 자기공명영상MRI을 찍어서 뇌피질에 아밀로이드가 다량 침착되고 신경섬유가 한데 뒤엉켜 있으면 진단이 확정된다.

'인지 예금'을 저축해 치매 발병을 늦추자

그런데 앞에서 언급한 것처럼 의학 문헌에 따르면 일부 노인의 경우 뇌에 뚜렷한 알츠하이머 병변이 있었지만 생전에 치매 증상은 없었다. 이건 어떻게 된 일일까?

이와 관련한 최초의 연구는 미국의 유명한 '수녀 연구'다. 평균 나이 83세인 수녀 678명은 해마다 인지 기능 평가를 받았다. 그중 사망한 수녀 498명의 뇌를 해부한 결과, 뇌에 중증 알츠하이머 병변이 있었지만 생전에 치매 증상을 보이지 않은 비율이 12퍼센트였다.

다른 학자의 후속 연구에서도 결과는 비슷했다. 캘리포니아 대학교 어바인 캠퍼스의 〈90세 이상 노인 연구The 90+ study〉에서는 90세 이상 고령 노인들을 6개월마다 한 번씩 추적 관찰했다. 그중 사망한 104명의 뇌를 해부해보니 생전에 치매 증상이 없었지만 뇌에서 알츠하이머 병변이 확인된 비율이 10퍼센트였다.

'양전자 단층촬영술positron emission tomography, PET'이나 '타우tau 단백질 PET 스캔'으로 알츠하이머병의 뇌 병변이 드러난 것도 이 논점에 힘을 실어주었다.

미국 메이오 클리닉Mayo Clinic에서 실시한 연구도 있다. 이 연구에서는 인지 기능이 정상인 50~89세 주민 985명을 대상으로 뇌 PET 검사를 실시했는데, 이 중 25퍼센트의 뇌에서 아밀로이드 침착이 보였고 80세 이상은 거의 50퍼센트에 달하는 비율을 나타냈다. 앞으로 수년간 추적 관찰을 진행하는 과정에서 알츠하이머병에 걸리는 노인들이 있을지 모른다. 하지만 현재는 치매에 걸린 사람이 없으며 인지 기능과 아밀로이드의 부조화mismatch가 나타난 상태다.

'나이'가 알츠하이머병의 주요 위험 인자이고 나이가 들수록 발병률이 높아지긴 하지만, 그렇다고 해서 반드시 알츠하이머병에 걸린다는 의미는 아니다.

무엇보다 위에서 말한 인지 기능과 아밀로이드의 '부조화'는 뇌에 가소성(새로운 행동이나 경험에 변화하고 적응하는 능력-옮긴이)이 있다는 점을 보여준다. '인지 기능'을 충분히 '예금'해두기만 하면 알츠하이머 병변의 '예금 인출' 압박을 견뎌 증상이 나타나지 않거나 발병 시기를 수년 뒤로 늦출 수 있다.

알츠하이머병을 완치할 수도 없고 약물 치료의 효과도 미미한 오늘날 '가소성 있는 뇌'는 알츠하이머병을 예방하는 최선의 방법이자 액티브 시니어들의 희망이다.

'가소성 있는 뇌'를 만드는 법

그럼 어떻게 해야 가소성 있는 노년의 뇌를 만들 수 있을까? 인지 기능과 뇌 속 아밀로이드의 '부조화'에 관한 최근의 의학 문헌을 종합해보면, 선천적 요소의 영향은 크지 않고 우리가 통제할 수 있는 부분도 아니다. 예를 들어 아포E3(아포E는 아포지질단백질 E$^{Apolipoprotein\ E}$의 줄임말로 신경조직의 재생 및 각종 지질분해효소의 활성작용을 돕는 단백질―옮긴이)를 가지고 있을 때보다 아포E2가 있을 때 알츠하이머병에 걸릴 확률이 낮다. 반대로 아포E4가 있으면 발병률이 높다.

후천적 요소도 중요한데 이는 우리가 노력할 수 있는 부분이다.

1. 머리를 많이 쓴다. 한마디로 '용불용설^{用不用說}(자주 사용하는 기관은 발달하고 그렇지 않은 기관은 퇴화한다는 학설―옮긴이)'이다. 연구 결과에서 나타난 가소성 있는 뇌의 해마^{hippocampus}와 대상회$^{cingulate\ gyrus}$(대뇌의 내측에 위치하며 감정 조절, 인지 기능, 주

의 조절 등의 역할을 한다—옮긴이)의 신경세포가 커지는 현상은 노년 퇴화에 상응하는 보상 작용일 수 있다. '머리를 많이 쓰는 것'이 현재로서는 가장 효과적인 방법이다. 어려서부터 교육을 받는 건 물론이고 독서, 글쓰기, 악기 배우기, 강연 듣기, 다양한 수업 듣기, 영화나 공연 보기, 마작이나 트럼프 하기 등 성장 과정에서 끊임없이 새로운 지식을 배우며 머리를 쓰는 모든 활동은 뇌의 가소성을 키우는 데 도움이 된다.

2. **많이 움직이고 열심히 운동한다.** 예를 들면 걷기, 집안일 하기, 춤추기, 공치기, 수영, 야외 활동 등이다.

3. **사교 활동을 한다.** 사람들과 교류하면 몸과 머리를 쓸 기회가 늘고 외로움이나 정신적 스트레스가 줄어 우울해지지 않는다.

4. **충분한 수면을 취한다.** 최근 연구에서 뇌 내의 아밀로이드와 타우 단백질이 주로 잠을 자는 동안 제거되는 것으로 밝혀졌다. 따라서 수면은 시간 낭비가 아니라 필수다.

5. **만성병이 있으면 제대로 치료해야 한다.** 연구에 따르면 치매 노인의 뇌에는 알츠하이머 병변만 있는 게 아니라 다른 퇴행성 질환도 있는데 가장 대표적인 것이 뇌졸중이다. 뇌졸중은 치매 증상을 악화시킬 수 있으므로 뇌졸중 위험 인자(고혈압, 당뇨병, 부정맥 등)를 통제하는 것이 매우 중요하다.

 ## 갑작스러운 기억상실,
혹시 치매일까?

저녁 무렵 친구가 66세 남편 B 씨와 새 차를 사서 집에 왔는데 딸을 보더니 B 씨가 물었다. "이제 퇴근했어?"

딸이 말했다. "퇴근은 진작에 했죠. 아까 두 분 나가시기 전에 인사했잖아요."

그뿐만 아니라 B 씨는 분명 좀 전에 차를 샀는데도 찻값이 얼마였는지 잊었고 가격을 알려줘도 재차 물었다.

B 씨는 다음 날 아침에야 기억력이 정상으로 돌아왔지만 전날 밤에 무슨 일이 있었는지 기억하지 못했다. 친구가 남편을 급히 병원에 데려가 뇌 CT 촬영, 혈액 검사, 심전도 검사 등을 진행했는데 모두 정상이었다. 의사는 B 씨가 중풍은 아니지만

신경내과 진찰을 받아보라고 권했다.

친구는 걱정하며 물었다. "남편이 기억을 못 하는 게 알츠하이머나 그 전조 증상은 아니겠지?"

'기억상실증'과 '치매'의 차이

사실상 B 씨는 기억력 결여만 있는 '기억상실증'일 뿐 치매는 아니다.

치매는 점진적인 기억력 감퇴만이 아니라 다른 인지 기능 장애도 발생하는 질환이다.

알츠하이머병은 가장 흔한 치매로 뇌가 퇴화해서 생긴다. 물론 약물로 병증을 완화할 수는 있지만 현재로서는 완치가 불가능하다. 기억력 등 인지 기능 저하는 수개월 또는 수년에 걸쳐 서서히 일어나며 점차 심해진다. 이와 달리 B 씨의 기억상실은 갑작스럽게 발생했고, 친구가 사건의 시간대를 명확하게 짚어낼 수 있었다.

알츠하이머병 환자의 가족은 어느 날 '갑자기' 어떤 사건을 통해 환자의 기억력이 떨어졌다는 사실을 알아차린다. 하지만 곰곰이 생각해보면 그 전에 환자의 기억력에 문제가 생겼다는 걸 보여주는 실마리가 분명 있었을 것이다.

'일과성 완전 기억상실'일 수 있다

나는 B 씨가 '일과성 완전 기억상실Transient global amnesia'일 거라고 판단했다. 즉, 갑작스럽게 단기 기억력이 감퇴하거나 전혀 기억을 못 하고(순행성 기억상실증) 심한 경우 며칠 전에 있었던 일마저 잊어버리는 것이다(역행성 기억상실증).

이런 현상은 보통 몇 시간 안에 회복되거나 길어도 24시간을 넘기지 않는다. 환자는 기억상실 기간 동안에 있었던 일은 전혀 기억하지 못하지만, 기억력을 회복한 후에 일어난 일은 평소처럼 기억한다.

일과성 완전 기억상실은 일반적으로 뇌의 후방순환계 혈관이 수축하여 뇌에 공급되는 혈액이 일시적으로 부족해지면 나타난다고 여겨진다. 하지만 정확한 원인은 밝혀지지 않았으며 뇌졸중(특히 시상視床, 해마, 측두엽 등 기억과 관련된 뇌 부위)이나 다른 질환의 가능성도 염두에 두어야 한다.

2019년 《신경역학Neuroepidemiology》에 실린 대만 국민건강보험 데이터베이스를 활용한 8년간의 사례 대조 연구에 따르면, 일과성 완전 기억상실을 겪은 사람 181명이 치매에 걸릴 확률은 대조군 543명의 2.23배였다. 하지만 다른 학자의 연구에서는 치매 위험이 증가하지 않았기 때문에 아직 결론을 내릴 수는 없다.

일과성 완전 기억상실의 증상은 매우 인상적이라서 한 번만 봐도 잊을 수가 없다.

29년 전, 37세 여성이 아침 일찍 일어났는데 회사 가는 길을 잊어버리고 며칠 전에 있었던 일도 기억하지 못했다. 친구 손에 이끌려 응급실에 가서도 그녀는 줄곧 자신이 왜 여기 있느냐고 물었다.

그녀의 기억상실증은 열 시간 후에 회복되었다. 기억을 상실한 지 여섯 시간째 되었을 때 뇌 단일광자단층촬영SPECT을 통해 확인한 결과 뇌 후방순환계의 양측 후두엽, 좌측 측두엽과 좌측 시상의 혈류량이 눈에 띄게 감소한 것이 발견되었다. 하지만 28일째에 촬영했을 때는 정상 수준을 회복한 것으로 나타났다.

보통 이런 환자가 진료하러 올 때는 이미 기억상실증이 회복된 이후이기 때문에 신경심리 검사와 뇌혈류 검사를 면밀하게 실시하기가 매우 어렵다. 따라서 이 사례는 1993년 《스트로크Stroke》(미국심장협회가 발행하는 국제 저널-옮긴이)에 실릴 만큼 아주 드문 경우였다.

그래도 제대로 된 의료 진단을 받아야 한다

일과성 완전 기억상실 외에도 외상성 뇌손상, 측두엽 뇌전증, 과도한 음주로 인한 기억 소실, 시상 뇌졸중이나 특정 수면제 복용 등으로 '일시적인 기억상실'이 나타날 수 있다.

그래서 나는 친구에게 말했다. "남편분 증상은 알츠하이머병이나 그 전조 증상은 아니야. 하지만 신경과 의사한테 가서 진단받고 치료해야 해."

 건망증은
치매의 징조일까?

친한 친구와 함께 신주新竹현 젠스尖石향에 있는 스마쿠스司馬庫斯를 2박 3일간 여행하는 여행단에 참여했다. 민박집 방마다 열쇠를 하나만 제공했는데 나는 룸메이트와 생활 패턴이 달라서 열쇠를 서로 주고받으며 지내야 했다.

이튿날 아침 여행단 멤버 20명이 모여서 거목군巨木群을 보러 갔는데, 나한테 있어야 할 열쇠가 아무리 찾아도 없기에 어쩔 수 없이 문을 열어둔 채로 떠났다. 왕복 10킬로미터쯤 걸은 뒤 식당에서 피자를 먹을 때 손으로 배낭을 더듬대다 열쇠가 만져졌다. 나는 얼른 룸메이트에게 미안하다고 사과했다.

애초에 열쇠를 못 찾은 이유는 무엇일까? 일출을 보고 아침을 먹고 벚꽃을 구경하는 데 정신이 팔려 열쇠를 대충 챙겼다가, 서둘러 문을 잠그려고 하니 마음이 급해져 찾을 수가 없었던 것이다.

3일째 되는 날 일정상 먼저 타이베이로 가야 했던 우리는 고속철도 매표소에서 자유석을 구매했다. 발차 시간까지 8분밖에 남지 않은 상황에서 친구가 표를 사고 한 장을 내게 건넸다. 그러고는 내 짐까지 챙겨 앞장서기에 나도 얼른 개찰구로 향했다. 그런데 개찰구를 통과하고 뒤를 돌아보니 개찰구 앞에 선 친구가 모든 주머니를 뒤지며 말했다. "표를 못 찾겠어!" 친구는 어쩔 수 없다는 듯 내 짐을 들어 내 쪽으로 넘겨주었다.

그때, 젊은 직원 하나가 달려오면서 표를 흔들며 소리쳤다. "표 여기 있어요!" 알고 보니 바쁘게 서두르는 동안 친구가 내 짐 챙길 생각만 하고 자기 표를 카운터에 두고 온 거였다. 이번 여행에서 우리는 둘 다 도긴개긴이라 서로 건망증이라느니 정신을 얻다 두고 다니냐느니 하며 탓할 수가 없었다.

그 직원의 영리함과 친절한 서비스에 고마운 마음이 드는 한편, 직원이 능숙하게 대처할 정도로 그런 일이 자주 일어나는 게 아닐까 싶기도 했다.

이번 여행은 나 같은 액티브 시니어에게 두 가지 주의 사항을 일깨워 주었다.

1. **한 번에 한 가지 일만 하자.** 젊었을 때처럼 여러 가지 일을 동시에 하려고 하면 안 된다. 집중해서 한 번에 한 가지 일만 해도 한 번에 여러 일을 하는 것과 효과가 동일하며, 한 번에 한 가지 일만 해야 뇌에 정보를 입력하고 저장할 수 있다.

2. **매사에 10분 정도 여유를 두자.** 무슨 일을 하든 서두르지 말고 10분 정도 여유 시간을 두어야 차분하게 대처하고 과정을 즐길 수 있다. 또 서두르다 넘어지고 접질리거나 골절되는 일을 피하고 실수하는 걸 막을 수 있다.

기억의 일곱 가지 오류 중 '정신없음'이 가장 흔하다

기억은 학업, 사업, 인맥, 일상생활 등에서 필요하고 중요하지만 가끔 사람의 기억은 완벽하지도 않고 믿을 게 못 된다.

미국 심리학자 대니얼 샥터Daniel L. Schacter는 1999년 발표한 논문에서 인간의 기억에 덧없음transience, 정신없음absent-mindedness, 막힘blocking, 오귀인misattribution, 피암시성suggestibility, 편향bias, 지속성persistence 등 일곱 가지 오류가 있다고 지적했다.

이 중 '정신없음'이 가장 흔한데 나와 내 친구의 경우도 여기에 해당한다. 그 순간에 집중하지 못한다든지 아니면 다른 흥미롭거나 중요한 일에 정신이 팔리는 것이 주된 원인이다. 마스크 쓰는 걸 깜빡하거나 차 키를 못 찾는다든지, 집 밖에 나가 차를 탔는데 현관문과 가스 밸브를 잠갔는지 전기 플러그를 뽑았는지 등이 기억나지 않는 것이다.

'건망증'과 '인지 기능'의 변화를 주시한다

친구는 아무래도 걱정이 되는 모양이었다. "우리 이러는 거, 치매 징조 아냐?" 사실 우리처럼 어쩌다 가끔 겪고 원인이 있는 '건망증'은 누구에게나 나타날 수 있으며 치매 징조가 아니니 안심해도 된다.

요요 마Yo-Yo Ma(중국계 미국인 첼리스트-옮긴이)는 뉴욕에 있을 때 급히 서두르다 귀중한 첼로를 택시 트렁크에 두고 내렸는데 다행히 몇 시간 만에 되찾았다. 실험에 몰두하던 뉴턴이 손목시계를 달걀로 착각하고 삶은 일화도 있다.

하지만 깜빡깜빡하는 일이 잦고 점점 증세가 심해지며, 남들은 내 기억력이 나빠졌다고 하는데 정작 본인은 괜찮다고 느끼고 다른 인지 기능에도 문제가 나타나기 시작하면 병원에 가서 치매가 아닌지 검사를 받아야 한다.

 # 기억이 안 난다고
꼭 치매는 아니다

다양한 단체에서 강연을 하다 보니 중장년층이 치매 문제에 관심이 많다는 사실을 알게 되었다. 부모와 웃어른 때문이기도 하지만 장수하게 될 자신의 미래와도 관련이 있어서 그럴 것이다. 한 남성이 물었다. "언젠가 회식 장소로 가야 하는데 엉뚱한 식당에 간 적이 있고, 날짜를 잘못 기억한 적도 있습니다. 이게 다 치매의 징조일까요?"

인간의 기억은 참 신기하다. 집중해서 받아들인 정보는 뇌의 해마로 보내져 '단기 기억'이 되고 그 후에는 대뇌피질에 저장되어 언제든 꺼내 쓸 수 있는 '장기 기억'이 된다.

이 과정에서 어느 한 부분이라도 느슨해지면 기억에 영향을 줄 수 있지만 그렇다고 해서 꼭 치매는 아니다. 먼저 아래 몇 가지 상황을 고려해야 한다.

1 | 건망

애초에 마음에 딴 데 가 있으면 정보를 잘 받아들이지 못하므로 제대로 저장되었을 리가 없다. 따라서 기억이 안 나거나 잘못 기억하는 게 당연하다.

이와 관련한 예는 수도 없이 많다. 공부할 때 집중하지 않으면 제대로 기억할 수가 없다. 일이 많고 복잡하면 두루두루 살필 수 없다. 기분이 나쁘고 불안하거나 정신이 분산되어 있으면 남의 말이 전혀 귀에 들어오지 않아서 기억나지 않을 수밖에 없다. 최근 '마음챙김mindfulness 명상'으로 집중력을 키우는 연습이 각광받는 이유도 여기에 있다.

2 | 정상적인 노화

인체 기관과 기능은 나이가 들수록 퇴화하는데 기억력도 마찬가지다. 특히 단기 기억 감퇴가 가장 두드러지지만 일상생활이나 업무에 지장을 줄 정도는 아니다.

치매와 다른 점은 자주 일어나지도 않고 시간이 지날수록 심해지지도 않는다는 것이다. 세부적인 내용을 부분적으로 잊어버리는 것뿐이지 모든 내용을 통째로 잊는 건 아니다. 어떤 일이 있고 나서 나중에 스스로 기억해내거나 다른 사람의 도움을 받아 기억을 떠올릴 수도 있다. 다른 인지 기능도 정상이다.

3 | 지나친 걱정

어떤 사람은 건강에 대한 관심이 지나쳐서 자신의 기억력이 예전만 못하다고 느끼고 어쩌다 깜빡하는 사소한 일도 심각하게 받아들인다. 그런데 이 사람들은 자신이 '잊었다고 생각하는' 일의 인과관계를 명확하게 설명할 수 있고 신경심리검사 결과도 정상이다.

4 | 설단현상

가끔 어떤 사람의 얼굴은 똑똑히 기억하는데 이름이 입안에서 뱅뱅 돌 때가 있다. 그러다 누가 운을 떼면 순간적으로 그 이름이 입 밖으로 튀어나오거나 몇 분, 심지어 며칠이 지나서 스스로 기억해내기도 한다. 이를 '설단현상舌端現象'이라고 부른다.

이는 뇌 노화가 원인일 수 있다. 뇌에서 명시의 '의미'와 '소리'를 담당하는 시냅스가 약해진 것이지 치매는 아니다.

5 | 실어증

실어증의 유형에는 말을 할 수 없는 브로카 실어증 Broca's aphasia(표현성 실어증)과 다른 사람의 말을 이해할 수 없는 베르니케 실어증 Wernicke's aphasia(수용성 실어증)이 있다. 두 경우 모두 이름을 말하는 데 어려움을 겪는다. 다시 말해 일, 사람, 사물의 이름을 말하지 못하는 것이다.

실어증은 좌측 뇌의 전두측두엽 손상(가장 흔한 원인은 뇌졸중이다)으로 발생하는 언어 장애. 설단현상과의 가장 큰 차이점은 실어증 환자의 경우 인명, 지명, 국가명 등 고유명사뿐만 아니라 일상생활에서 자주 쓰는 물건의 이름을 말하기도 어려워한다는 것이다.

6 | 경도 인지장애

이는 정상 노화와 치매의 '중간 단계'에 해당한다.

최근 자신의 기억력이나 인지능력이 떨어진 것 같다고 느끼고 동년배보다 신경심리검사 결과도 나쁘게 나오는데, 전반적인 인지능력 저하 정도는 심하지 않아 일상생활이나 업무에 영향을 주지 않는 상태다.

해마다 경도 인지장애 환자의 10~15퍼센트가 치매로 전환되기 때문에 정기적인 추적 관찰이 필요하다.

치매는 기억력과 인지능력이 감퇴해 일상생활과 업무에 영향을 줄 정도로 심각한 상태다. 치매를 일으키는 질병의 60퍼센트는 퇴행성 알츠하이머병이다.

치매 진단의 첫 번째 단계는 환자의 진술과 가족이 관찰한 내용을 토대로 일상생활에서 기억력이나 인지능력이 떨어진 사례가 있는지 확인하는 것이다. 두 번째 단계는 객관적인 신경심리검사다. 치매 진단이 확정되면 좀 더 자세하게 검사해 어떤 질병 때문에 발생한 치매인지 알아낸다.

그래서 나는 질문한 남성에게 대답했다. "사업 때문에 너무 바빠서 그러실 수도 있어요. 자주 그러는 것도 아니고 힌트를 줬을 때 기억을 떠올릴 수 있다면 안심하셔도 됩니다."

그래도 걱정이 된다면 신경내과나 기억장애 클리닉에 가서 의사의 자세한 문진을 통해 치매 여부를 판단하는 것이 좋다.

 잠이 무엇보다
중요한 이유

　얼마 전 드라마를 보는데, 극 중에서 초조해 보이는 한 남자가 다음 날 아버지의 간 수술을 집도할 외과 의사에게 조심스럽게 말했다. "오늘 밤에 일찍 주무시고 술은 한 방울도 입에 대지 말아주세요."
　어찌 보면 무례한 부탁이지만 수면 부족(수면 박탈)에 대한 우려가 극명하게 드러나는 장면이다. 몇 년 전에 한 의사 친구가 했던 말이 떠올랐다. 복부 수술을 받기로 한 당일 아침, 집도의가 수술 전 자신에게 인사를 하며 지나가는 말로 "어젯밤에 잠을 아주 잘 잤어요"라고 했던 게 무척 안심이 되더라는 얘기였다.

수면 시간이 부족하거나 수면의 질이 나쁜 '수면 박탈'은 급성일 수도 있고 만성일 수도 있다. '급성 수면 박탈'은 보통 하루에서 사흘까지를 가리키며 부분적 급성 수면 박탈과 완전 급성 수면 박탈 두 가지로 나뉜다. 부분적 급성 수면 박탈은 밤에 몇 시간밖에 못 자는 것이고, 완전 급성 수면 박탈은 밤새 잠을 못 자는 것을 의미하며 24시간에서 72시간 동안 깨어 있는 상태가 지속된다. 깨어 있는 시간이 길어질수록 증상이 심각해진다. 처음에는 나른하고 졸리며 집중을 못 하고 반응이 둔해진다. 그러다 나중에는 업무에 지장을 주고 운전할 때 쉽게 사고를 내며 심한 경우 헛것이 보이기도 한다.

밤샘을 하면
술에 취한 것과 마찬가지다

2021년 4월 《브레인Brain》에 실린 노르웨이 오슬로대학교의 연구 논문이 있다. 이 연구에서는 뇌척수액에 조영제를 주입하는 검사를 받아야 하는 뇌질환 환자를 실험군(7명, 평균 44세)과 대조군(17명, 평균 39세)으로 나눠, 실험군은 24시간 동안 수면을 박탈하고 대조군은 정상적으로 수면을 취하게 했다.

그리고 다음 날 모든 환자에게 조영제를 주사하고 일정 시간마다 뇌 MRI를 실시해 48시간 동안 추적 관찰했다. 그 결과 수면을 박탈한 사람들의 뇌는 대조군보다 조영제를 제거하는 속도가 눈에 띄게 느렸다. 이를 통해 하루만 밤을 새워도 뇌에 상당한 영향을 미칠 수 있다는 걸 알 수 있다.

사람들은 대개 밤을 새워본 경험이 있다. 예전에 한 대학생이 다음 날 시험을 준비하느라 밤을 꼬박 새웠는데 정작 시험 시간에 너무 졸려서 곯아떨어졌다는 이야기를 들은 적이 있다. 운전사, 조종사, 의사 등 사람의 목숨과 연계된 업종 종사자들에게도 밤샘은 금지다. 따라서 레지던트 의사는 이틀 연속 당직을 서지 않도록 해야 한다. 그래야 사고력과 판단력, 진료 행위에 영향을 미치지 않는다.

몇 년 전에 운전석에서 신호를 기다리고 있는데 뒤에서 갑자기 내 차를 들이받았다. 알고 보니 뒤차 운전자가 밤을 새운 탓에 졸음운전을 한 거였다. 이처럼 밤새 잠을 못 자고 이튿날 운전대를 잡았을 때 그 정신 상태와 반응 속도는 혈중 알코올 농도 0.07퍼센트일 때와 같다. 이는 대만 법 규정상 운전면허가 정지되는 혈중 알코올 농도 0.03퍼센트를 훨씬 웃도는 수준이다.

급성 수면 박탈을 치료하는 가장 좋은 방법은 당연히 부족한 수면을 보충하는 것이다. 하지만 상황이 여의치 않으면 커피를 마셔서 졸음을 쫓을 수도 있다.

한번은 급히 연구 계획서를 보낼 일이 있어서 날이 밝을 때까지 작성한 뒤, 차를 몰고 골프를 치러 간 적이 있다. 36시간 동안 깨어 있었는데도 이상하게 정신이 말똥말똥했고 조수석에 앉은 친구와 신나게 수다도 떨었다. 사실 이는 수면 박탈의 '모순' 또는 역설적 효과다. 진짜 원인은 밝혀지지 않았지만, 중뇌 변연계에서 도파민이 과대 분비되기 때문일 수도 있다.

예전에 한 학자가 수면을 박탈해 우울증을 치료하려고 했는데 일시적인 효과에 그쳤다. 게다가 장기적인 수면 박탈은 오히려 우울증을 유발할 수 있기 때문에 이 방법은 더 이상 사용하지 않는다.

일곱 시간보다 적게 자면 치매에 걸릴 확률이 30퍼센트 높아진다

최근 10년간 수많은 의학 문헌에서는 장기적인 수면 박탈이 동맥경화, 고혈압, 심혈관질환, 사망률과 관련이 있고 심지어 알츠하이머병의 위험 인자 중 하나라고 지적했다.

2021년 4월 학술지 《네이처 커뮤니케이션스 Nature Communications》에 발표된 한 영국 논문에서는 피실험자 7,959명을 추적 관찰했는데 25년 후 치매 진단을 받은 사람이 521명이었다. 통계 분석 결과 50세, 60세, 70세일 때 수면 시간이 여섯 시간이거나 그 미만인 피실험자는 일곱 시간 수면을 취하는 사람보다 치매 발병률이 30퍼센트 높았다.

역학 데이터 외에도 수면과 알츠하이머병의 관련성을 보여주는 또 다른 증거가 있다. 2012년에 비로소 밝혀진 뇌 '글림프 시스템glymphatic system'이다.

알츠하이머병을 유발하는 아밀로이드와 타우 단백질처럼 사람의 뇌에서 생성되는 단백질 등의 노폐물이나 독소의 약 60퍼센트는 뇌척수액과 신경교세포 및 소혈관벽으로 형성된 글림프 시스템의 내강을 통해 뇌막의 림프계로 이동하고, 그 후 혈류로 유입되어 체외로 배출된다.

이 '청소부 시스템'은 우리가 잠을 잘 때 주로 작동하는데, 특히 깊은 수면을 취할 때 가장 활발하게 작동하기 때문에 잠을 잘 자는 것은 매우 중요하다.

수면은 대체 불가능한 양생법이다

사람마다, 그리고 나이마다 필요한 수면 시간이 다

르다. 자신에게 적정한 수면 시간을 찾는 가장 간단한 방법은 자고 일어났을 때 머리가 맑고 개운하다는 느낌을 주는 시간을 확인하는 것이다. 성인의 적정 수면 시간은 대략 일고여덟 시간이다.

예전에 나는 늘 '하루 24시간도 부족하다, 어떻게 인생의 3분의 1을 잠으로 허비할 수 있나'라고 생각했다. 하지만 충분한 수면은 뇌 속 노폐물을 제거하고 우리 몸을 회복시키고 충전해주며 건강을 유지하게 해주는 대체 불가능한 방법이다.

 # 중증 치매 환자를 돌볼 때 주의할 점

외국인 간병인이 중증 치매 환자인 86세 C 여사를 휠체어에 태워 공원에 벚꽃 구경을 갔다. 열심히 사진을 찍던 간병인이 뒤를 돌아봤는데 C 씨의 오른쪽 귀에 벌이 앉아 있었다. 간병인은 집에 돌아와 벌에 쏘인 C 씨의 오른쪽 귀를 깨끗하게 닦은 뒤 연고를 발라주었지만, 가족에게는 알리지 않았다.

그러고 나서 5일쯤 지나 C 씨의 아들이 C 씨의 오른쪽 귓바퀴가 벌겋게 부어오르고 환부에 궤양이 생긴 걸 발견했다. 아들은 귀의 상태를 사진으로 찍은 뒤 즉시 어머니를 모시고 이비인후과에 갔다. 의사는 세균 감염이라고 생각해서 3일 치 항생제, 진통제, 소염 연고를 처방했다.

그런데 3일 치 약을 복용하고도 궤양이 낫지 않아 다시 병원을 찾았다. 그때 의사는 할머니의 오른쪽 귓바퀴에 작은 물집들이 많은 걸 보고 대상포진 진단을 내렸다. 3일 전 찍은 사진을 다시 살펴보니 당시에도 물집들이 있었는데 궤양 부위가 도드라져 눈에 잘 띄지 않았던 것이다.

의사는 6일 치 경구용 항바이러스제를 처방했다. 열흘 후 오른쪽 귀의 붓기가 가라앉고 물집도 사라진 데다 궤양 부위에 딱지가 앉아서 가족들은 그제야 한시름 놓을 수 있었다.

대상포진이란 무엇인가?

대상포진帶狀疱疹은 어렸을 때 걸렸던 수두 바이러스가 뇌와 척수의 등쪽뿌리신경절에 잠복해 있다가, 나이가 들거나 암 등에 걸려 면역력이 떨어지면 바이러스가 활성화되면서 나타난다. 수두 바이러스가 한쪽 신경절에서 감각신경을 따라 말초신경까지 전해져 신경통을 유발하고 최종적으로 피부에 도달해 부종, 붉은 발진, 물집 등을 일으킨다.

대상포진이 잘 생기는 부위는 가슴과 복부다. 그다음은 머리와 목 부위로, 삼차신경이 관여하는 두피와 이마, 안면신경이 관여하는 귓바퀴, 외이도, 혀를 포함한다.

안면신경은 '운동신경'과 '감각신경'을 모두 포함한다는 점에서 특별하다. 운동신경은 안면 근육을 통제하고 감각신경은 귓바퀴와 혀의 앞쪽 3분의 2에 분포한다.

수두 바이러스로 감각신경이 감염되면 귀 통증, 붉은 발진, 물집이 생긴다. 이 외에 수두 바이러스가 운동신경을 감염시켜 한쪽 안면신경마비가 일어나 입이 돌아갈 때도 있는데, 1907년 이 증후군을 처음 제시한 미국 이비인후과 의사 램지 헌트의 이름을 따서 '램지헌트증후군 Ramsay Hunt syndrome'이라고 부른다.

흔한 증후군은 아니지만 해마다 10만 명 중 5명 정도 발생해 전체 안면신경마비 사례의 약 7~12퍼센트(원인 불명의 '벨 마비 Bell's palsy' 다음으로 높은 비중)를 차지한다. 예후가 좋지 않아 60퍼센트 정도만 회복된다.

다행히 C 여사는 귀에만 증상이 있고 안면신경마비는 나타나지 않았다. 이 사례를 통해 떠오른 생각은 다음과 같다.

1 | 중증 치매 환자는 아기 돌보듯 돌봐야 한다

중증 치매 어르신은 의사 표현을 못 한다. 벌에 쏘여도 고통을 호소하지 못하고, 손발이 말을 듣지 않아 벌을 쫓거나 자신을 보호할 수도 없다. 귀가 아프다고 불평하지도 못한다. 그렇기 때문에 보호자가 아기를 돌보듯 수시로 관찰하고 보살펴야 한다.

2 | 병력이 중요하기는 해도 오도할 가능성이 있다

C 씨의 경우, 벌에 쏘여 감염된 상처에 집중하느라 작은 물집들을 놓쳐버렸다. 이러한 선입견은 종종 '프레이밍 framing 효과'를 일으켜 의사가 다른 진단 가능성을 무시하고 의학적으로 잘못된 판단을 내리게 할 수 있다.

3 | 재진료를 통한 추적 관찰이 매우 중요하다

초진 때는 의사가 다시 진찰받을 필요가 없다며 낙관적으로 말했다. 하지만 증상이 호전되지 않아 가족들이 C 씨와 다시 병원을 찾았을 때는 귓바퀴의 작은 물집들이 두드러졌다. 즉, 병세가 무르익어 가시화된 것이다. 덕분에 물집들을 한눈에 발견한 의사가 대상포진 진단을 내려 증상에 맞게 치료할 수 있었다.

 ## 치매인 가족을
장기요양시설에 보내도 될까?

　　사람들은 내게 자주 이런 질문을 한다. "치매인 가족을 장기요양시설에 보내는 거 괜찮나요?"

　　내 대답은 한결같다. "집보다 시설에서 보살피는 게 낫다고 생각하면 당연히 괜찮죠."

　　치매 환자를 돌보는 건 매우 힘든 일이다. 체력, 재력, 인력, 인내심, 요령 어느 하나라도 빠지면 안 된다. 특히 식구가 적은 요즘 같은 시대에는 집에서 치매 환자를 돌보는 게 어려워서 자연스럽게 장기요양시설이 선택지 중 하나가 되었다.

　　하지만 장기요양시설은 반드시 신중하게 선택하고 '공동 돌봄'처럼 자주 가서 들여다봐야 한다.

전문 시설에 맡기면
치매 환자의 삶의 질이 높아진다

　내 친구는 밤마다 외국인 간병인과 함께 치매에 걸린 남편 D 교수의 배변을 돕고 대소변으로 더러워진 바닥을 닦았다. 72세인 그녀는 오랫동안 수면 부족에 시달리고 지쳐서 금방이라도 쓰러질 것처럼 보였다. 결국 친구는 어쩔 수 없이 78세인 남편을 장기요양시설에 보내기로 했다. 44년 전 목사님 앞에서 "죽음이 우리는 갈라놓을 때까지 헤어지지 않겠다"라고 한 맹세가 생각나 가슴이 미어졌지만 눈물을 흘리며 시설 문을 나섰다.

　남편이 집에 가겠다고 소동을 피울까 봐 친구는 간호사의 조언대로 일주일 만에 시설을 방문했다. 친구를 본 남편은 기뻐서 어쩔 줄 몰라 하며 웃음 가득한 얼굴로 "오랜만이야"라는 말을 연발했다. 그리고 친구가 가져온 간식과 과일을 신나게 먹었다.

　하지만 "이름이 뭐예요?", "여기가 어디예요?"라는 그녀의 질문에 남편은 아무 대답을 못 했다.

　그녀는 자기 이름을 종이에 적었고 남편은 정확하게 읽을 수 있었지만 그게 자기 눈앞에 있는 사랑하는 아내의 이름이라는 사실은 알지 못했다.

직원은 D 교수가 요양원 행사에 참여하고 사회복지사와 볼룸댄스를 추는 모습을 찍은 사진을 보여주었다(D 교수는 예전에 볼룸댄스의 고수였다).

D 교수는 집에 있을 때 배변 활동이 원활하지 않아 초조해하고 불안해했다. 그런데 시설에 들어간 후로는 간병인이 항문을 막은 대변 덩어리를 빼주자 몸을 가만히 두지 못하던 증상이 완화되었다.

움직임도 자유롭고 시각, 청각, 후각, 미각, 촉각 등 오감五感도 건재하며 사람들과 어울리는 모습이 즐겁게 '현재'를 사는 것처럼 보였다. 장기요양시설에서 전문적인 케어를 받는 것이 집에서 지내는 것보다 낫다면, 설령 자신을 기억하지 못한다고 해서 무슨 상관이겠는가?

친구는 이제 혼자 적응해나가며 정신의학과에서 처방해준 항불안제와 항우울제를 복용 중이다. 이 고비를 넘긴 후에도 그녀에게는 아직 혼자 가야 할 길이 남아 있다.

2006년 미국 최초의 여성 대법관 샌드라 데이 오코너Sandra Day O'Connor는 오랫동안 알츠하이머병을 앓은 남편을 보살피기 위해 과감히 직장을 그만두었다. 이듬해 요양원에 들어간 남편은 다른 치매 여성과 정이 들었다. 그네 의자에 앉아 손을 맞잡고 있는 두 사람의 모습을 보고 오코너는 심리적 만족감을 느끼는 남편의 모습에 흐뭇해했다.

오코너의 사례를 떠올린 친구는 마음이 시리고 짠했지만 아직 즐거운 감정을 지니고 있는 남편이 고맙기도 했다.

환자의 병세가 심해질수록
가족들은 무기력해진다

치매 환자의 돌보미는 '보이지 않는 환자(병에 걸렸지만 스스로 병에 걸렸다는 걸 아직 알아채지 못한 환자, 즉 확진 판정을 받지 않은 환자-옮긴이)'인 경우가 많다.

치매 환자의 병세가 심해지면 백사장의 고운 모래가 발밑으로 빠져나가듯 인지능력이 빠르게 상실된다. 가족도 못 알아보고 심한 경우 자신이 누구인지도 잊어버려 보호자를 가슴 아프게 한다. 또 불안, 환각, 망상, 신체적 폭력 등 정신병적 행동을 보이는 환자는 보호자가 당해낼 수 없다.

나이가 많은 치매 환자는 고혈압, 중풍, 암 등 만성병이 있거나 몸에 새로운 문제가 생겨도 표현하지 못하므로 더더욱 보호자가 주의 깊게 관찰하고 정성스럽게 돌봐야 한다.

몸이 건강한 치매 환자들은 이리저리 돌아다니다 길을 잃기 쉬워서 항상 지켜봐야 하기 때문에 보호자가 한시도 쉴 수가 없다.

웃어른이나 배우자의 치매 사실을 가족이나 친구에게 알리거나 도움을 구할 엄두를 못 내는 보호자들도 있다. 이미 몸과 마음이 지칠 대로 지친 상태이지만 남에게 자신의 노력이 부족하다는 말을 들을까 봐 겁을 내는 것이다. 또 자신에게 불안 증세가 나타나거나 우울증에 걸렸는데도 나약하다는 소리를 들을까 봐 두려워하는 사람도 있다. 치매 환자를 장기요양시설에 보내는 일에 대해서는 더 말할 필요도 없다.

오코너는 배우자가 세상을 떠난 후 시민 교육에 적극적으로 참여했다. 2018년 88세가 된 그녀는 공개 서신을 통해 자신도 초기 알츠하이머병에 걸려 더 이상 활동할 수 없다고 밝혔다.

인생은 예측하기 어렵다. 언제 보호자가 환자가 되어 보살핌의 대상이 될지 모른다. 저출생과 고령화로 독거노인의 수가 늘고 있는 요즘 같은 시대에는 치매에 걸릴 확률과 상관없이 장기요양시설에서 살아야 할지도 모른다. D 교수 부인을 비롯한 고령의 내 친구들도 앞으로 자신이 장기요양시설에 들어갈 가능성을 염두에 두기 시작했다.

3장

몸과 마음의 건강을 지키는 노년의 운동법

움직일수록 활력이 넘친다

하이킹은 치매를 예방하는 가장 간단한 처방이다

의대 재학 시절 나는 세포의 '비정상적인 증식(암)'과 '세포 자연사(퇴화)'에 특별한 호기심을 느꼈고, 이 두 가지 양극단에 숨겨진 생명의 오묘한 비밀을 탐구하고 싶었다.

반세기가 지나 노년이 된 나는 암 치료의 비약적인 발전을 눈으로 확인하고 있다. 수술, 방사선 치료, 화학 치료, 표적 치료, 면역 치료 등 끊임없이 새로운 치료법이 등장해 많은 암을 치료하거나 통제할 수 있게 되었다. 이와 반대로 알츠하이머병은 치료약 개발이 활발하고 돌파구를 찾은 것처럼 보여도 치료 효과는 언제나 기대 이하라 현재로서는 증상을 치료하는 데 그치고 있다.

예전에 한 친구가 탄식하며 말했다. "나라면 차라리 암에 걸리는 게 나아. 치료할 수 없다고 해도 노력할 목표는 분명하잖아. 내가 애쓰는 걸 보면 주변 사람들도 힘내라고 격려해줄 테고 말이야. 근데 알츠하이머에 걸려봐. 지적 능력은 점점 떨어지고 감당하기 힘든 사람이 되잖아. 그걸 지켜보는 가족과 친구들은 얼마나 괴롭고 무기력해지겠어." 많은 사람이 이 말에 공감할 거라 믿는다.

따라서 '예방이 최고의 치료'이며 알츠하이머병은 예방이 특히 더 중요하다.

나이, 유전자, 가족력 등 병에 걸리는 선천적인 질병 요인은 우리가 바꿀 수 없지만, 후천적인 위험 요인은 개선할 수 있다. 즉, 교육을 받고, 머리를 많이 쓰고, 활동적으로 생활하며, 3대 성인병(고혈압, 고혈당, 고지혈증)을 치료하고, 규칙적으로 운동하고, 사람들과 소통하고, 충분한 수면을 취해야 한다.

매일 9,800보를 걸으면
치매 위험이 51퍼센트 줄어든다

'걷기'는 가장 부담 없고 실천하기 쉬운 운동으로, 보통 하루에 적어도 40분은 걷는 것이 좋다. 최근 몇 년간 하루 누적 걸음 수를 기록하는 손목만보기가 유행인데 간단하고 실용적이다.

2022년 9월 《미국의사협회 신경학회지 JAMA Neurology》에 실린 영국 바이오뱅크 UK Biobank 의 논문에 따르면, 치매가 없는 40~79세 7만 8,430명에게 손목만보기를 일주일 연속 착용하게 한 뒤 6.9년 후에 추적 관찰했는데 그중 866명이 치매에 걸렸다.

통계 분석 결과 매일 9,800보를 걷는 사람은 치매에 걸릴 확률이 51퍼센트 감소했는데, 1만 보를 넘게 걸으면 그 확률이 감소하기는커녕 오히려 증가했다. 한편 매일 3,800보를 걷는 사람은 치매 발생 확률을 25퍼센트 줄일 수 있었다.

물론 이건 어디까지나 기준값에 불과하며 각자의 능력에 맞게 걸어야 한다. 하루에 3,800보를 걷는 건 어렵지 않지만 만약 9,800보를 달성한다면 스스로를 칭찬해줘야 한다.

대기오염에서 멀리 벗어나 치매 위험을 낮춘다

2020년 《랜싯 The Lancet》에 실린 〈랜싯 보고서〉에서는 초미세먼지(PM2.5)와 같은 공기 중 오염물질을 치매 위험 인자 중 하나로 꼽았다. 대만을 포함한 세계 각국의 여러 연구에서도 동일한 결론을 내렸다.

2022년 1월 《미국국립과학원회보^{PNAS}》에 실린 논문 〈미국 여성 건강 증진 기억 연구$^{WHIMS-ECHO}$〉에 따르면 74~92세 지역사회 여성 2,239명을 평균 6.1년간 추적 관찰했는데, 대기오염 상황이 개선된 후 이들의 치매 발생률도 낮아졌다(PM2.5가 1입방미터당 1.78마이크로그램 감소하면 치매 발생률이 20퍼센트 감소했다). 이 연구 결과는 대기오염과 치매의 인과관계가 성립할 수 있음을 보여준다.

근교 산에서 하는 산림욕은 고령자에게 적합하다

대부분의 액티브 시니어는 여전히 왕성한 활력을 유지하고 있다. 평균 기대수명이 높아진 만큼 아직 살날이 한참 남았기 때문에 치매를 잘 예방해야 건강한 노년을 즐길 수 있다.

고령자들은 젊은이들처럼 팔팔하지도 않고 유행 따라 체육관에 가지도 않는다. 그런 고령자에게도 '걷기'는 가장 하기 편하고 돈 안 드는 운동이다. 그래서 나는 고령자에게 적합하고 간단하게 실천할 수 있는 치매 예방법을 생각해냈다. 바로 '숲길 걷기'다.

숲길 걷기는 도시 근교의 해발 1,000미터 이하인 산길을 걷는 것이다. 근교 산에 가보면 산책로와 안내판이 잘 갖춰져 있다. 대만 북부의 쥔젠옌, 차오링구다오, 양밍산에 있는 수많은 산책로가 그 예다.

근교 산에서 하이킹을 하면 경치도 감상하고 대기오염에서 멀어질 뿐 아니라 걷기 운동을 하며 생태 환경을 알아갈 수 있다. 이런 장점 외에도 가는 길을 따라 인문학적 발자취나 역사 유적지가 있으면 두뇌 활동을 촉진할 수도 있다. 동행하는 파트너가 있으면 가장 좋다. 만에 하나 사고가 생겼을 때 도와줄 수도 있고 서로 느낀 점을 공유하거나 하이킹이 끝난 후에 함께 식사하며 즐거운 시간을 보낼 수도 있다. 집에 돌아와서는 사진을 정리하고 메모를 하거나 간단한 여행기를 작성하면서 기억을 되새기면 치매를 예방하는 요소가 거의 다 갖춰지는 셈이다.

하이킹 장소는 어디에서 찾을까? 친한 친구 서너 명과 함께 요일을 정해서 매주 다른 명소를 가는 것이 제일 좋다. 지역 교육센터와 여러 민간단체에서도 숲길 걷기나 하이킹 수업을 제공하므로 마음만 있다면 본인에게 맞는 방법을 찾을 수 있을 것이다.

  물론 시간이나 체력이 허락하지 않는다면 굳이 근교 산까지 갈 필요는 없다. 매일 집 근처 공원이나 녹지를 걸어도 치매를 예방하는 효과가 있다.

 살고 싶다면 움직여라,
건강해지고 싶다면 더 열심히 움직여라

친한 친구 다섯 명과 난터우南投 칭징清境 농장에 승마 공연을 보러 갔다. 공연이 끝나고 인파에 밀려 각자 다른 통로로 들어갔다. 나는 샤오란小藍 뒤를 따라갔는데 샤오란이 울퉁불퉁한 시멘트 바닥에 걸려 그대로 고꾸라졌다. 72세인 그녀는 천천히 일어났다. 머리도 안 부딪치고 얼굴이 일그러지지도 않았다. 손바닥 통증이 있었지만 부어오르지는 않았고, 오른쪽 무릎에 찰과상을 입었지만 다행히 골절되거나 접질리지도 않았다.

샤오란은 자신이 크게 다치지 않고 무사할 수 있었던 건 금융업에서 은퇴한 후 10년 동안 꾸준히 운동을 해온 덕분이라고 생각했다. 일주일에 6일은 라인댄스(여러 사람이 줄을 지어 추는 춤-옮긴이)를 추고 이틀은 한 시간씩 요가를 했다. 추가로 친구들과 일주일에 두 번 근교로 등산을 가서 심신이 건강해졌고, 덕분에 사고로 넘어져도 몸의 유연성을 유지해 큰 부상을 피할 수 있었던 것이다.

> 신체 활동을 많이 하면
> 기억력을 증진할 수 있다

정말이지 살고 싶으면 움직여야 하고 건강해지고 싶다면 더 열심히 움직여야 한다.

걷기, 집안일, 일, 놀이 등이 다 '활동'이다. 운동은 목적과 나름의 규칙이 있는 건강에 이로운 활동이다. 운동의 종류로는 구기 종목, 댄스, 등산, 수영 등 지구성 운동endurance exercise(유산소 운동)과 스트레칭, 웨이트 트레이닝 같은 저항성 운동resistance exercise이 있다.

수많은 의학 문헌을 보면 역학 조사, 장기 추적 관찰, 동물 실험, 인체 연구 등에서 모두 동일한 결과를 보여준다. 신체 활동을 많이 하면 사망률을 낮추고 심혈관질환, 치매(특히 알츠하이머병)에 걸릴 위험을 줄이며 해마의 신경세포 재생을 촉진해 기억력까지 증진할 수 있다는 것이다. 반대로 신체 활동량 부족은 전 세계 치매 위험 인자의 2퍼센트를 차지했다.

그렇다면 활동량은 어느 정도가 충분할까? 세계보건기구 WHO의 2020년 성인 신체 활동 권장량은 일주일에 중강도 신체 활동 150~300분 또는 고강도 신체 활동 75~150분이었다.

하지만 활동량은 나이, 체력, 질환 유무에 따라 다르기 때문에 자신의 능력에 맞게 조절해야 한다. 고령자에게는 많이 걷기가 적합한데 매일 적어도 4,000보 또는 40분 이상 걷는 것이 좋다. 무엇보다도 내가 좋아하거나 나에게 맞는 운동을 찾는 것이 중요하며, 서로 격려하며 함께 운동할 동료가 있으면 꾸준히 지속할 수 있다.

'운동 호르몬'의 영향력은 광범위하다

운동의 좋은 점은 무수히 많다. 그런데 그 분자생물학적 메커니즘은 꽤 복잡해서 여전히 연구 중이다.

운동할 때 몸의 여러 기관, 조직, 세포(근육, 심장, 간, 지방조직, 신경계통 등)는 각종 생화학물질을 혈액으로 분비하고 방출하는데, 이 물질들을 '운동 호르몬 exerkines'이라고 통칭한다.

이러한 운동 호르몬은 기관에만 작용하는 것이 아니다. 예를 들어 '근육 호르몬myokines'은 근육을 강하게 만드는 것 외에도 근처 혹은 먼 곳에 있는 기관에 정보를 전달해 심혈관, 대사, 면역, 골격, 신경계통 기능 증진에 도움을 줄 만큼 그 영향력이 광범위하다. 그리고 각 호르몬은 한 가지 물질만 있는 것이 아니다. 예를 들어 사람의 근육 호르몬은 인터루킨-6IL-6, 뇌유래신경영양인자brain-derived nutrient factor, BDNF, 아이리신Irisin 등을 포함해 600가지가 넘는다.

많은 학자가 동물실험으로 운동 호르몬의 효과를 입증했다. 캘리포니아대학교 샌프란시스코 캠퍼스 팀이 2020년《사이언스Science》에 발표한 논문에 따르면 6주 연속 쳇바퀴를 돌린 나이 든 쥐(18개월)의 혈장을 운동하지 않는 나이 든 쥐에게 3주간 총 여덟 번 주입한 결과, 운동하지 않는 나이 든 쥐의 기억력과 학습 능력이 좋아졌을 뿐만 아니라 뇌의 해마 부위에서 새로운 신경세포가 생성되었다.

운동 알약으로는 얻을 수 없는 것

운동 호르몬과 관련한 이런 실험들은 인체를 대상으로 진행할 수 없다. 그래서 학계와 업계에서는 사람이 특정

물질 또는 여러 물질을 복용함으로써 운동 효과를 거둘 수 있길 바라며 운동 시뮬레이션exercise mimics, 운동 알약exercise pills 등을 구상하고 연구 중이다. 아직 시작 단계이지만, 운동을 싫어하거나 노화와 질병 등으로 운동이 부족한 사람에게는 희소식일 수 있다. 다만 아직은 요원한 일이라는 것이 문제다.

사실 활동이나 운동은 하나의 신체 기관만이 아니라 전반적인 신체적, 정신적 건강을 위한 것이다.

게다가 운동을 하면서 다른 사람과 교류하고 목표를 달성하는 데서 느끼는 즐거움과 만족감은 운동 알약으로는 얻을 수 없다.

 걷는 게 안 걷는 것보다
언제나 낫다

　　　제3급 팬데믹 경계 기간에는 집에 틀어박혀 있다 보니 운동을 자주 못 했다. 그래서 사람도 적고 많이 덥지도 않은 이른 아침과 저녁 시간대에 마스크를 끼고 근처 공원에서 한 시간 정도 걸었다. 그랬더니 답답했던 몸과 마음이 한결 편안해졌다. 가끔 60세 정도 되는 남자를 마주쳤는데 왼쪽에 편마비가 와서 왼쪽 팔꿈치가 굽어 몸 가까이 밀착된 상태였고, 걸을 때 왼발을 먼저 바깥쪽으로 뻗었다가 다시 앞으로 내디뎠는데 걷는 속도는 느리지만 꽤 안정적이었다. 나는 굳건하고 진지한 그의 태도에 적잖이 감동을 받았다. 다른 사람의 도움 없이 걷는 것을 보니, 아마도 뇌졸중에 걸린 지 오래된 데다 병세가 좀 나아진 것 같았다.

'뇌졸중'은 신경과 병동에서 가장 흔한 질환이다. 뇌졸중의 유형에는 허혈성, 출혈성, 동정맥 기형, 뇌동맥류 파열 등이 있다.

예후는 주로 뇌졸중의 병소病所 범위 및 부위와 관련이 있는데 심각한 경우 뇌수종(물뇌증)을 일으켜 생명이 위태로울 수 있다.

급성기를 지나 감염 등 합병증 없이 회복기에 접어들면 환자의 상태가 대부분 호전되며 증세가 심하지 않은 뇌졸중은 완전히 회복될 수도 있다. 하지만 거동이 불편하거나 실어증 등 후유증이 있어 보살핌이 필요한 뇌졸중 환자도 적지 않다.

뇌졸중의 회복은 뇌졸중에 걸려 괴사된 신경세포가 부활하는 것이 아니라 그 근처, 심지어 뇌졸중 부위와 서로 대응되는 반대쪽 뇌 신경세포가 괴사된 세포의 기능을 대체하는 '보상 작용'이다. 이게 바로 신경세포의 '가소성'이다.

신경세포의 가소성은 일종의 '자가 치유 기능'으로 뇌졸중 발생 후 즉시 가동되지만 회복기에 이르러서야 그 기능이 충분히 발휘된다. 뇌졸중을 겪은 후의 신경 재활은 신경세포의 가소성을 촉진하고 강화하기 때문에 매우 중요하다. 신경 재활의 방법에는 신체 활동, 균형 감각 훈련, 거울 치료, 강제유도운동치료 constraint-induced movement therapy, CIMT 등이 있다.

'부지런히 걷기'가 제일 효과적인 재활이다

신경 가소성은 뇌졸중 발생 후 6개월 안에 가장 뚜렷하게 나타난다는 것이 통념인데, 후속 연구를 통해 그 능력이 더 오래 지속될 수 있다는 사실이 밝혀졌다. 따라서 병원이나 진료소에서 재활을 받지 않더라도 스스로 계속 노력할 수 있으며, 주된 방법은 '걷기'다.

뇌졸중이 발생하기 전에는 고혈압, 당뇨병, 부정맥 등 뇌졸중 위험 인자를 스스로 잘 관리하면 예방할 수 있다.

뇌졸중 '급성기'에는 신경과나 응급의학과 의사의 도움을 받아야 한다. 여기에는 생명 징후vital signs(체온, 혈압, 맥박수, 호흡수 등을 포함하며 활력 징후라고도 함—옮긴이) 안정화, 뇌수종 치료, 정맥 내 혈전 용해제 투여, 동맥 내 혈전 제거술 등이 포함된다.

'회복기'에는 재활의학과 의사와 전문 치료사에게 잘 협조해야 한다.

'만성기'에는 또다시 스스로 노력해야 한다. 의사의 지시대로 약을 복용하며 재발을 예방하고 혼자 꾸준히 재활해야 한다. 그중 가장 효과적인 재활법이 바로 공원에서 본 왼쪽 편마비 남성처럼 '부지런히 걷는 것'이다.

자신의 역량에 맞게
꾸준히 걷는다

그렇다면 하루에 얼마나 걸어야 할까? 미국 보건복지부가 2018년 발표한 〈신체 활동 지침〉에서는 성인의 경우 중강도 신체 활동을 매주 최소한 150~300분 하도록 권장한다(세계보건기구 권장량과 동일). 예를 들어 빨리 걷기, 배구, 정원 가꾸기 등이 여기에 해당한다.

최근에는 쉽게 기록을 관리하기 위해 만보기를 사용하는 사람이 많다. 성인의 걸음 속도는 분당 64~170보인데 평균적으로 분당 100보라고 계산하면 하루에 적어도 3,000보는 걸어야 한다. 걸음 수와 관련한 가이드라인이 있는 나라가 꽤 많은데, 일본 후생노동성의 2006년 권장 걸음 수는 하루에 8,000~1만 보다. 이는 60분 동안 걷는 것과 맞먹는다.

그런데 다시 한번 강조하지만 걸음 수는 개개인의 나이, 체력, 질병 유무 등에 따라 차이가 있기 때문에 각자 역량에 맞게 조절해야 한다. 어찌 되었든 걷는 게 안 걷는 것보다 낫다. 무엇보다 꾸준히 걸어서 시간이 갈수록 나에게 '플러스'가 되도록 하는 것이 가장 중요하다.

나는 원래 교외에서 하이킹하는 걸 좋아했을 뿐 산책을 하거나 순전히 걷기만 하는 습관은 없었다. 병동에 환자를 보러 가거나 어느 기관에 볼일을 보러 갈 때, 시장에 장을 보러 갈 때처럼 확실한 목적이 있어야 걸었고 그냥 걷기만 하는 건 시간 낭비라고 생각했다. 또 산책은 노부부가 함께 걷는 모습, 아니면 《오만과 편견》에서 남녀 주인공이 정원에서 산책하다 우연히 마주치는 로맨틱한 장면이 연상되어 나와는 거리가 먼 일처럼 느껴졌다.

그런데 팬데믹 기간을 보내면서 순수한 걷기, 산책의 재미와 장점을 몸소 체험했다. 처음에는 그냥 바람 좀 쐬고 스트레칭도 하면서 겸사겸사 경치를 구경할 생각이었다. 그러다 길을 걷는 사람들을 관찰하기 시작했고 종국에는 나 자신과 마주했다. 특히 신베이터우新北投 공원의 '원쉐文學 트레일'에서 아주 좋은 시간을 보냈다. 마스크와 모자를 쓴 채 사회적 거리를 유지하며 걸었다. 남과 눈을 마주칠 필요가 없었고 길도 안전하고 익숙했다. 덕분에 온전히 생각에 몰두하고 상상력을 마음껏 분출할 수 있었다.

팬데믹 상황이 완화되면서 친구들과 즐거운 만남을 가졌는데 어쩐지 다들 얼굴이나 몸에 살이 붙은 것 같지 않았다. 집에 틀어박혀 지내는 동안 주전부리를 절제하는 걸로도 모자라 책에 나오는 남녀 주인공처럼 자주 산책을 했던 것이다.

야외 활동을 할 때는
온열 질환에 주의해야 한다

친한 친구인 위펀玉芬은 부모님을 뵈러 돌아왔을 때 아름다운 대만의 삼림을 경험하고 싶어 했다. 그래서 우리는 대만 중부를 둘러보는 2박 3일 여행 코스를 신청했다. 하지만 오랫동안 미국에서 생활한 그녀가 무더운 날씨에 적응할 수 있을지 몰라서 먼저 비교적 쉬운 코스인 타이베이 와이쐉시外雙溪의 추이산翠山 트레일과 비시碧溪 트레일을 걸으며 상태가 괜찮을지 시험해보기로 했다.

그날은 하늘이 구름 한 점 없이 맑았다. 기온은 36도까지 오르고 습도도 높았으며 바람도 불지 않았다. 다행히 길을 따라 나무 그늘이 져서 제때 수분을 보충하고 자주 앉아 휴식을 취할 수 있었다. 그 덕분에 땀은 비 오듯 했지만 크게 힘들지는 않았다.

위펀은 다리 힘이 좋아서 산길을 오가며 두 시간 20분 정도를 걸었다. 추이산 길 입구에 거의 다다를 즈음 위펀이 열사병 테스트를 통과했다며 기뻐했다. 그런데 갑자기 뒤에서 쿵 하는 소리가 들렸다. 얼른 뒤돌아보니 위펀이 앞으로 고꾸라져 있었는데 다행히 머리는 부딪치지 않았다.

위펀을 부축해 일으켜줬더니 하는 말이, 바닥이 살짝 튀어나와 있어서 걸려 넘어졌다는 거였다. 왼쪽 손바닥과 오른쪽 무릎이 까졌는데 지나가던 등산객이 알코올로 상처 부위를 소독해주었다.

위펀을 산길 입구에 있는 기다란 돌의자에 앉혀 쉬게 했다. 그런데 위펀이 갑자기 어지럽다며 자리에 누웠다. 온몸에서 식은땀이 나기 시작했고 맥박이 빨랐으며 안색이 창백했다. 10분 정도 지나 위펀은 자리에 앉아보려고 했지만 금세 어지럼증과 메스꺼움을 느꼈고 온몸에 힘이 없었다. 이온 음료를 한 모금 마셨는데도 속이 울렁거려 도로 누울 수밖에 없었다.

아무래도 일사병과 열탈진(더위로 땀을 많이 흘려 수분과 염분이 부족해지는 상태-옮긴이) 같았다. 그래서 어지러움을 느끼고 평평한 길에서 넘어질 만큼 몸에 힘이 없었던 것이다. 그래도 체온이 높지 않고 의식도 또렷해서 몸의 열만 내려주면 큰 문제가 없는 상태였다.

나무 그늘에 누워 있었지만 바람이 불지 않았고 주위에 열을 내려줄 냉수나 부채도 없었다. 버스에 냉방 장치가 있지만 땡볕에 버스 정류장까지 5분을 걸어 내려가는 건 불가능했다. 만약 더 지체하면 열사병으로 악화되어 생명이 위태로울 수 있었다.

나는 위펀의 동의를 구하고 119에 전화해 구급차를 불렀다.

시원한 구급차를 타고 30분 정도 지났을 때 위펀의 열탈진 증상은 한결 좋아졌다. 응급실에 도착했을 때는 의료진의 질문에 정확하게 답할 수 있을 정도였고 체온, 맥박, 혈압, 심전도, 피검사(전해질, 근육 효소 수치 등 포함) 결과도 정상이었다. 의사는 다정하게도 마실 물까지 가져다주며 이상이 없는 걸 확인하고서야 우리를 돌려보냈다.

심각한 온열 질환은 치명적이므로 주의해야 한다

최근 지구 온난화로 인해 무더위가 끊이지 않고 있다. 아열대기후인 대만에 사는 우리로서는 무더위가 익숙하지만 그래도 열사병에 주의해야 한다.

우리 몸이 열을 발산하는 방법에는 증발, 대류, 방사, 전도 네 가지가 있는데, 그중 땀을 흘려 열을 내보내는 증발을 주로 한다. 하지만 습도가 높은 환경에서는 땀이 증발하지 못해 열을 배출할 수 없고 열사병이 발생할 수 있다. 온열 질환을 심각도가 낮은 질환부터 순서대로 정리하면 다음과 같다.

1. 열부종heat edema: 햇빛에 노출된 부위에 붉은 발진과 작은 물집들이 나타나는데, 보통 어느 정도 시간이 지나면 저절로 사라진다.

2. 열경련heat cramps: 근육에 경련이 일어나는 것으로 경련 부위를 마사지해주면 된다.

3. 열실신heat syncope: 누워서 두 다리를 높이고 수분을 보충해야 한다.

4. 열탈진heat exhaustion: 머리가 아프고 어지러우며 메스껍고 몸에 힘이 없다. 식은땀을 흘리고 맥박이 빨라진다. 이럴 때는 무더위를 피해 냉기가 있는 곳으로 가서 냉수, 얼음물, 선풍기 등으로 열을 내리고 수분을 보충해야 한다.

5. 열사병heat stroke: 체온이 40도까지 올라가고 쇼크로 의식 불명이 되면 다발성 장기 부전으로 이어져 생명이 위독할 수

있다. 따라서 즉시 입원 치료를 받아야 하며 결코 방심해서는 안 된다.

온열 질환은 예방할 수 있는데 특히 햇볕이 강하게 내리쬐거나 습한 날씨에는 운동을 피하는 게 상책이다. 꼭 운동을 해야 한다면 전날 밤 충분한 수면을 취하고 운동 당일에는 가볍고 시원한 옷차림에 모자나 양산을 쓰고 수시로 물이나 이온 음료를 마셔 수분을 보충해야 한다. 조금이라도 불편하다면 휴식을 취해야 한다.

푹푹 찌는 날씨가 익숙하지 않은 사람, 노인, 만성질환자, 이뇨제나 항히스타민제 같은 약물을 복용하는 사람은 각별히 주의해야 한다.

보통 우리 몸이 무더운 날씨에 적응하려면 10~14일이 걸린다. 위펀이 열사병 테스트를 통과하지 못해 중부 지역 여행은 취소할 수밖에 없었지만, 그래도 열탈진이 일어난 장소가 숲속이 아니라 추이산 트레일 출입구라 천만다행이었다. 제때 도움을 준 구급차와 응급실 의료진에게 감사드린다.

여행할 때는
여섯 가지 안전 수칙을 지키자

가오핑^{高屛}의 마오린국가풍경구^{茂林國家風景區}로 2박 3일 여행을 간 적이 있다. 첫째 날에 원주민이 복을 기원하는 의식을 체험하는 행사가 있었다. 모든 사람이 일단 좁쌀술을 한 잔씩 마시고 빈랑^{檳榔} 한 알을 입에 머금었다가 곧장 밖으로 뛰어나가 잔디밭에 빈랑을 뱉어 액운을 없애는 것이다. 출구 쪽에 살짝 경사진 곳이 있었는데 행사 당일 이슬비가 내려 돌 바닥이 미끄러웠다. 줄곧 민첩하게 움직이던 60대 여행 친구가 갑자기 미끄러져 뒤로 세게 넘어졌다. 뒤통수를 부딪치고 왼쪽 발의 복사뼈를 접질려 붓고 통증이 심했다.

인솔자가 바로 지역 응급의료실에 데려갔고 간호사가 탄성

붕대로 감싼 뒤 얼음찜질을 해주었다. 우리는 그가 삐끗하기만 하고 골절된 건 아니라고 생각했다. 그래서 인솔자와 여행 친구들이 호텔에서 빌린 휠체어에 그를 태워 돌아가며 밀어주었다. 그는 가끔 진통제를 복용하면서 여행의 설렘을 간직한 채 계속 경치를 구경할 수 있었다.

둘째 날에는 나비를 감상할 수 있는 마오린생태공원 목잔도木棧道에 갔다. 유난히 활발하던 여행 친구 하나가 옆에 있던 나뭇가지를 아무렇게나 잡아당겼다가 탁 놓았다. 그 바람에 다른 나뭇가지와 잎까지 건드렸고, 놀란 뮬키베르점박이왕나비 떼가 일제히 날아올랐다.

가이드가 고개를 돌리며 말했다. "조심하세요. 쐐기풀보다 더 지독한 놈이에요." 아니나 다를까, 나무를 만진 친구의 오른쪽 엄지손가락과 집게손가락, 웃아귀(엄지손가락과 집게손가락 사이-옮긴이)에 자잘한 가시가 여러 개 박혀 금방 벌겋게 부어올랐다. 딱 봐도 따끔따끔하니 꽤 아플 것 같았다. 사람을 찌르는 '쐐기풀(중문명은 야오런마오咬人猫)'은 들어봤어도 그보다 더하다는 '야오런거우咬人狗'는 처음 들었다. 다행히 일주일 정도 지나자 괜찮아졌다.

첫째 날 넘어져 발을 삔 사람은 타이베이로 돌아가 병원에 갔는데, 엑스레이를 찍어보니 왼쪽 발 복사뼈가 골절된 상태라 금속 내고정 수술을 받고 완전히 회복되었다.

중징년층은 다른 사람과 함께 여행을 하거나 단체 여행을 가면 관광을 즐기고 친목을 도모할 뿐 아니라 심신 건강까지 증진할 수 있다. 여행을 자주 다니는 사람이라면 짐을 간소하게 꾸리고, 양파처럼 여러 옷을 겹쳐 입고, 만성질환 약을 항상 휴대해야 한다는 것쯤은 알겠지만 의외의 사고는 늘 일어나기 마련이다. 완전히 막을 수는 없겠지만 다음 몇 가지 사항에 유의하면 뜻하지 않은 사고가 발생할 확률을 낮출 수 있다.

1 | 겁 없이 용감한 사람은
방심하면 안 된다

너무 신이 나거나 자신감이 넘쳐서 조심성 없이 행동할 때가 있다. 잘 알지도 못하는 '야오런거우'를 만졌다가 찔려 다치고, 비가 와서 미끄러운 길을 빠르게 걷다 넘어지는 것처럼 말이다.

연로하거나 거동이 불편한 사람은 날씨나 도로 상황이 좋지 않을 때 천천히 걸으며 조심하고 서로 주의를 주거나 도와주면 웬만해서는 사고가 나지 않는다.

2 | 자신의 능력에 맞게 여행을 즐긴다

여행은 모험이나 시합이 아니며 자신의 나이, 체력, 신체 조건을 감안해야 한다.

나는 이란宜蘭의 타이핑산太平山 산마오쥐山毛欅 트레일과 신주현 젠스향의 마타이구다오馬胎古道를 걸을 때 비온 뒤라 산길이 질퍽거리기에 중도 하차했다. 또 타이베이시 무즈산拇指山 정상에 오를 때도 밧줄을 당기며 큰 바위를 올라가야 하는 마지막 단계에서 안 되겠다 싶어 물러났다. 풍경을 다 보지는 못했지만 다른 사람들이 찍은 사진을 감상하고 사고도 피할 수 있었다.

3 | 체력을 기른다

평소에 자주 운동하고 많이 걸으면 여행이나 등산에 필요한 기초 체력이 생겨 숨을 헐떡이지 않는다. 만에 하나 사고가 발생해도 몸의 균형 감각과 반응 속도가 좋아서 덜 다치고 빠르게 회복할 수 있다.

4 | 파트너와 동행한다

여행할 때는 혼자 다니면 안 된다. 무슨 일이 생겨도 뒤늦게 발견되기 때문이다. 동행이 있으면 사고가 났을 때 옆에서 보살펴줄 수 있다.

60대 친구가 가오슝高雄 치진강旗津港으로 패키지여행을 갔다. 화장실에서 손을 씻고 있는데 두세 살쯤 되는 아이가 냅다 달려와 옆으로 몸을 피하다 바닥에 넘어졌다. 자리에서 일어나지 못할 정도로 엉덩이가 아팠는데 다행히 옆에 있던 아내가 바로 구급차를 불러 병원 응급실에 갔다. 친구는 '오른쪽 대퇴골 전자간 골절' 진단을 받고 그날 밤 관혈적 정복술(피부를 절개해 골절 부위를 직접 확인하고 뼈를 맞추는 수술—옮긴이)을 받았다.

4일 후 친구는 보행 보조기와 함께 퇴원했다. 아들도 와서 함께 고속철도를 타고 타이베이로 돌아갔다. 이후 꾸준히 재활한 덕분에 양호한 회복세를 보였고, 아내와 함께 다시 여행을 즐기기 시작했다.

5 | 여행사를 신중히 선택한다

여행 일정과 비용뿐만 아니라 '인솔자'와 '보험'도 중요하다. 좋은 인솔자는 사전에 여행 시 주의할 사항을 알려주고, 사고가 일어났을 경우 보험금을 청구하는 데에도 도움을 준다.

6 | 여행 기본 상식을 유념한다

길을 걸을 때는 사진을 찍지 않고 사진을 찍을 때는 멈춰 서서 움직이지 않는다.

무릎이 안 좋은 사람은 무릎 보호대를 착용하고 등산 스틱을 챙긴다. 계단을 오르내릴 때는 "두 다리는 가만히, 한 다리만 움직인다"를 되뇐다. 즉, 등산 스틱을 '다리 하나'로 치고, 넘어지지 않게 한 번에 한 다리나 등산 스틱만 이동하고 나머지 두 다리는 고정하라는 뜻이다.

또한 휴대폰을 늘 가지고 다녀야 넘어지거나 길을 잃었을 때 즉시 구조를 요청할 수 있다.

 ## 놀러 가는데
멀미하면 어떡하지?

　최근 숲길 걷기 활동에 참가했는데 계속 차를 타고 산을 오르다 보니 멀미 환자가 꽤 많이 생겼다. 한번은 27인승 중형 버스의 앞쪽에 탄 4분의 1 정도가 전부 멀미로 고생한 적도 있었다.

　대형 버스로 아리산 여행을 갔을 때가 가장 기억에 남는다. 난터우 서비스센터에서 자이嘉義 펀치후奮起湖까지 산길을 올라가고 있었다. 앞줄에 앉은 친구 두 명이 멀미 낌새를 보이더니 두 손으로 비닐봉지를 잡고 구토를 하다 말다를 반복했다. 펀치후에 도착해서 다들 신나게 도시락을 먹는데 멀미로 고생한 두 친구는 전혀 식욕이 없는지 창백한 얼굴로 한쪽에 앉아 있었다. 특별히 구불구불한 산길은 아니었다. 아무래도 타이베이에서 버스에 탔을 때 주최자가 준비한 풍성한 아침 식사를 먹어서 그런 것 같았다. 햄버거와 과일을 먹고 커피까지 마셔 든든하게 배를 채운 것이다.

멀미motion sickness는 살면서 3분의 2 정도가 경험할 만큼 흔하다. 특히 6~12세 때, 그리고 남성보다 여성이, 서양인보다 중국인이 멀미를 많이 한다.

임산부, 수면이 부족하거나 편두통이 있는 사람이 멀미를 잘한다. 이 외에 유전적 영향도 있는데 부모 중 한쪽이 멀미를 하면 자녀가 멀미할 확률은 일반인의 두 배다.

멀미는 증상이 서서히 나타나는 게 보통이다. 처음에는 살짝 피곤하고 불편하다. 집중을 못 하고 배가 살짝 부풀어 오르며 어지러움(아직 하늘이 팽팽 도는 정도는 아니다)을 느낀다. 안색이 창백해지고 구역질이 나며 구토를 하는데 심하면 수분 부족으로 탈진할 수도 있다. 멀미가 심하지 않으면 차에서 내리기만 해도 즉시 회복되며 증상은 보통 24시간을 넘지 않는다.

균형 시스템의 부조화가 멀미의 원인이다

현재까지 멀미가 생기는 메커니즘은 확실하게 밝

혀지지 않았지만, 우리 몸의 균형을 잡는 시스템의 부조화로 인해 생긴다는 견해가 일반적이다.

인체 균형을 주관하는 주요 시스템은 시각, 전정기관(달팽이관과 반고리관 포함), 고유수용기(눈을 감아도 신체 동작을 느낄 수 있게 해주는 기관) 등 세 가지이며, 대뇌와 해마를 거쳐 과거 경험을 토대로 해석하고 소뇌의 도움을 받아야만 균형을 유지할 수 있다. 대뇌가 이 세 가지 시스템의 부조화를 알아차리면 멀미 증상이 나타난다. 따라서 멀미도 심리적 요소의 영향을 받으며 전정 기능을 상실한 사람은 멀미하지 않는다.

이 사실로 멀미가 있는 사람이 직접 운전할 때는 왜 멀미를 하지 않는지도 설명할 수 있다. 운전대를 잡고 전방을 주시하면 뇌가 차의 방향을 예측하고 마음의 준비를 할 수 있기 때문이다. 몇 년 전 친구들과 함께 차로 산을 올랐을 때, 멀미를 안 하는 나만 빼고 멀미하는 세 친구가 서로 앞다투어 운전하려 했던 게 이해가 된다.

한번은 소형 버스를 타고 이란 타이핑산으로 가는 산길을 오르는데 운전기사 옆에 앉은 친구가 멀미를 하기 시작했다. 그러자 유머러스한 운전기사가 말했다. "저 대신 운전하실래요?" 생각해보자. 앞으로 자율주행차가 보급되고 차의 진행 방향을 통제하는 데 온 신경을 집중하지 않아도 되는 날이 오면 멀미하는 사람도 그만큼 늘어나지 않을까?

차를 탈 때뿐만 아니라 배, 비행기, 롤러코스터를 탈 때, 3D 영화를 보거나 VR(가상현실) 장치를 사용할 때도 멀미를 할 수 있다. 예전에 레지던트에게 병리 슬라이드를 같이 보자고 한 적이 있다. 각자 두 눈을 현미경에 두고 마주 앉았는데 나는 병의 징조를 알아내려고 슬라이드를 앞뒤 좌우로 빠르게 움직였다. 나중에 고개를 들어보니 레지던트의 안색이 창백했다. 내가 슬라이드를 빠르게 움직여서 어지러웠던 것이다.

멀미는 예방할 수 있다

만약 산길이 구불구불하다든가 파도가 거세다는 정보를 사전에 입수했고 멀미를 잘하는 체질이라면, 출발하기 한 시간 전에 항히스타민제 등을 복용해 예방하는 것이 가장 좋다. 하지만 머리가 어지럽거나 졸리는 부작용이 있을 수 있으니 운전자는 복용을 삼가야 한다.

멀미는 대부분 환경을 조정하거나 행동을 바꿔 예방하거나 개선할 수 있다.

1. 천천히 적응한다. 거리가 짧고 경사가 완만한 곳부터 여러

차례 경험한 다음 점차 장거리를 여행한다. 한두 시간마다 차에서 내려 몇 분간 휴식을 취하며 균형 시스템을 적응시킨다.

2. 덜 흔들리는 좌석을 선택한다. 차를 탈 때는 앞쪽 좌석, 특히 운전석 옆자리에 앉는 것이 좋다. 배는 중간 아래층, 비행기는 날개 쪽 좌석이 좋다. 따라서 관광버스를 탈 때는 멀미하는 사람을 앞좌석으로 배정하는 동행자들의 배려가 필요하다.

3. 주행 중에는 내가 운전한다고 가정하고 멀리 한 지점을 찍어 바라본다. 책, 휴대폰, TV 모니터나 창밖 풍경을 보면 안 된다. 눈을 감거나 선글라스를 끼는 게 가장 좋다. 바르게 앉고 머리를 흔들지 않는다. 음악을 듣거나 에센셜 오일을 발라 긴장을 풀 수도 있다. 멀미를 하는지 안 하는지 동석자와 논의하지 말고, 괜히 증상이 심해질 수 있으니 멀미로 구토하는 사람을 봐서도 안 된다.

4. 음식과 수면에 주의한다. 차에 타기 전이나 차가 주행 중일 때는 너무 많이 먹지 말고 기름지거나 매운 음식, 커피를 섭취하면 구토를 부추길 수 있으므로 삼가야 한다. 체력이 달릴 수 있기 때문에 공복이어도 안 된다. 차에 타기 전에 간식을 조금 먹거나 운행 중 물을 살짝 마셔 목을 축이는 건 괜찮다. 장거리 여행 하루 전날은 최고의 몸 상태를 유지하기 위해 충분한 수면을 취해야 한다.

4장

긍정적인 마음가짐은
강력한 보호막이다

노년에 대한 생각을 바꾼다

 ## 부작용뿐만 아니라
약효도 함께 보자

친구가 암에 걸려 면역 치료를 받았는데 손발에 물집이 생겨 통증 때문에 밖에 나가 산책도 하지 못했다. 양말을 신고 집에서 천천히 걸을 수밖에 없다 보니 심히 괴로워했다.

내가 말했다. "부작용이 있는 건 약 효과가 있다는 뜻이야! 약이 정상 세포를 손상하는 만큼 암세포도 죽이고 있을 거라고 믿어."

내 말을 들은 친구의 표정이 순간 누그러졌다.

아니나 다를까, 치료받은 지 몇 개월 후에 진행한 추적 검사에서 종양 크기가 줄어 있었다.

긍정적인 마음가짐은 맹신이 아니다

친구에게 한 격려의 말은 아무 생각 없이 한 게 아니라 몸소 체험한 경험담이었다.

수년 전 나는 유방암으로 화학 치료를 받았다. 탈모, 체중 감소, 헤모글로빈과 백혈구 수치 감소, 감염 등의 부작용을 겪으면서 나는 스스로에게 이렇게 말했다. "내 몸에서 약이 싸우다가 암세포든 좋은 세포든 죄다 공격하나 봐. 그래도 줄곧 건강한 몸이었으니 틀림없이 버텨낼 거야." 그래서 의사의 치료에도 적극적으로 협조했다.

이런 마음가짐은 맹종이나 맹신이 아니라 부정적인 측면(부작용)과 긍정적인 측면(약효)을 전반적으로 살피는 것이다. 그리고 가장 중요한 건 생각과 어휘 선택이다. "화학 치료는 암세포를 죽이지만 정상 세포도 죽인다"라고 하기보다 "화학 치료는 정상 세포를 일부 손상하지만 암세포도 죽인다"라고 하는 것이다.

암 진단을 받는 것은 분명 큰 충격이지만 동시에 기회가 될 수도 있다. 적극적으로 병을 치료하는 것 외에도 스스로를 돌아보고 자신의 생명, 가정, 일을 소중히 여기며, 잘 먹고 열심히 운동하고 잠을 충분히 자는 등 생활 방식을 바꾸는 사람들도 있다.

최악의 시나리오를 짜되
최선의 희망을 품는다

마음가짐은 암 치료뿐만 아니라 다른 질병에도 영향을 준다.

스탠퍼드대학교 연구팀은 2019년 《알레르기 및 임상 면역학 저널The Journal of Allergy and Clinical Immunology》에 땅콩 알레르기 민감성을 저하시키는 탈감작법(과민 반응의 원인 물질에 대한 과민성을 약화하는 치료 방법 – 옮긴이) 임상시험을 발표했다.

엄격한 설계를 거쳐 7~17세 아동 및 청소년 50명에게 땅콩 알레르기를 완화하는 약물 치료를 실시하고 임의로 조를 둘로 나누었다. 한 조에는 입안이 간지럽거나 붓는 건 '탈감작'이 일어나는 약효라고 말하고 다른 한 조에는 '부작용'이라고 말했다. 6개월간 치료를 거친 후 두 조에서 모두 효과가 나타났지만, '탈감작'이라고 말해준 조의 아이들은 덜 불안해하고 제때 약을 복용했으며 약 용량을 늘렸을 때 부작용도 적었다.

따라서 환자 스스로 용기를 북돋울 수도 있지만 의사의 어휘 선택과 설명도 병세에 영향을 미친다는 사실을 알 수 있다.

아플 때는 치료를 받는 것도 중요하지만 속으로 '최악의 시나리오를 짜되 최선의 희망을 품는 것' 또한 힘이 될 수 있다. 예를 들어 코로나19 확진 판정을 받았다면 3개월 치 항체가 생겼다고 말하는 것이다.

친구 남편이 중증 치매와 정신병적 증상으로 입원했는데 외국에 있던 딸이 귀국해서 엄마를 도왔다. 친구는 매일 딸과 함께 남편을 보러 병원에 갔다. 비록 마음은 무거웠지만 이제껏 한 번도 경험하지 못한 딸과의 동행이 감사하고 따뜻하며 든든하게 느껴졌다.

요즘 의사들은 의술도 좋아야 하지만 빅데이터와 신기술도 잘 알아야 한다.

어떤 사람들은 빠르게 학습, 분석, 연산, 진단하는 인공지능AI에게 자리를 뺏겨 실업자가 될 거라고 걱정한다. 그런데 다른 관점에서 보면 AI를 충분히 활용할 수 있는 의사는 호랑이가 날개를 단 것처럼 환자와 얼굴을 마주 보며 소통하는 데 더 많은 시간을 쓸 수 있다. 이는 AI가 대신할 수 없는 영역이다. 공공기관이나 은행에 전화했을 때 녹음 안내와 함께 전화한 목적을 말하거나 버튼을 누르게 하고, 계속 돌고 돌아 슬슬 짜증이 밀려올 즈음 진짜 사람의 목소리가 들렸을 때 얼마나 반

가운지 떠올려보자!

> 날마다 새로운 걸 시도할 시간이
> 차고 넘친다

마음가짐은 일상생활에서도 중요한 역할을 한다.

내가 보낸 링크를 휴대폰으로 못 열어서 잔뜩 풀이 죽은 얼굴로 "늙었어", "멍청해"를 연발하던 친구가 있었다.

내가 말했다. "이건 운전하다 길을 잃는 거랑 같아. 길이 낯설거나 내비게이션 조작이 익숙하지 않아서 그렇지 몇 번 하다 보면 되는 거라고 나이가 들면 살날은 많지 않아도 매일 뭔가를 시도해볼 시간은 차고 넘쳐. 그리고 이 링크가 안 열린다고 무슨 큰일이라도 나는 건 아니잖아. 그러니까 지나친 자기 비하는 금물이야."

 ## '파노라마 모드'를 활용해
사람을 포용한다

    일흔이 넘어가면서 라인 단톡방에 동창의 부고나 장례식을 알리는 메시지가 오기 시작하자 나도 모르게 이런 생각이 들었다. '내 차례는 언제일까?'

  의대를 다닐 때는 어떤 친구가 먼저 세상을 떠날지 예측해 본 적도 없고, 예측할 수도 없었다. 다들 하나같이 혈기 왕성하고 새파랗게 젊은데 누가 그런 걸 생각하겠는가!

  그런데 유전자, 환경, 일, 생활 습관, 의료 등의 요소와 세월의 영향을 받으면서 나와 친구들은 서서히 다른 인생을 살게 되었다. 하지만 어떤 업계에 종사했는지, 어느 과 의사가 되었는지, 어떤 경험을 하며 살았는지와 관계없이 노년에 접어들어 종점에 이르는 건 누구나 매한가지다.

사람을 볼 때는 '전체를 본다'

아직 인터넷이 보급되지 않은 시기에 이런 이야기를 들은 적이 있다. 어느 대형 병원 병원장이 가운을 안 걸치고 혼자 응급실을 순찰하고 있는데 그를 못 알아본 간호사가 물었다. "어르신, 혹시 무슨 일로 오셨나요?"

우습다는 것 말고 또 어떤 생각이 들었는가? 아래 다섯 가지 답변 중에 골라보자.

1. 간호사가 참 예의 바르다.
2. 부하 직원이 자신을 알아보지 못해 원장의 자존심이 상했을지 모르나 간호사의 훌륭한 태도에 뿌듯하기도 했을 것이다.
3. 전문적인 옷차림과 장비(가운과 청진기 등)가 중요하다.
4. 주변인의 도움을 받아 자신을 드러내는 것이 효과적일 수 있다. 다른 의사 한 명을 동반하거나 의사 몇 명에게 둘러싸여 있었다면 한눈에 보통 어르신이 아니라는 사실을 알아차렸을 것이다.

5. 누구든 전공과 신분을 제하면 남는 건 성별과 나이뿐이다.

나는 '전부 다'를 선택했다. 이 이야기를 듣고 맹자가 말한 "세대인, 즉묘지, 물시기외외연說大人, 則藐之, 勿視其巍巍然(권력자에게 말할 때는 그를 업신여기고 그 권세를 안중에 두지 말라는 뜻—옮긴이)"이 떠올랐다.

나는 권세가 있거나 자기밖에 모르는 안하무인격인 사람을 보면, 그가 어렸을 때 기저귀를 차고 우유병 젖꼭지를 입에 문 모습이 떠올라 나도 모르게 웃음이 나면서 저절로 마음이 누그러진다. 또 그가 늙고 쇠약해져 거동이 불편한 모습을 상상하면 동정심이 우러나와 그를 두려워하거나 책망하지 않게 된다.

반대로 귀여운 아기나 장난꾸러기 아이를 보면 그 아이가 나중에 커서 대통령이나 좋은 의사가 될 수도 있다는 생각에 함부로 대하지 못한다. 늙어서 동작이 굼뜨거나 치매에 걸린 어르신을 만나면 그에게 어쩌면 내가 모르는, 굉장히 존경할 만한 눈부신 과거가 있을지도 모른다고 생각한다.

삶의 맥락에서 한 사람을 이해한다

여행을 하다 보면 광활하고 아름다운 경치를 전부 사진 한 장에 담고 싶을 때가 많다. 이럴 때는 휴대폰의 파노라마 기능을 켜면 왼쪽부터 오른쪽까지 모두 카메라 렌즈에 담긴다.

그렇다면 우리도 '어려서부터 나이가 들어서까지'를 담을 수 있는 '파노라마 모드'로 사람을 볼 수 있을까? 그 사람의 현재 모습, 즉 삶의 횡단면뿐만 아니라 상상력을 발휘해 그 삶의 종단면도 생각해볼 수 있다. 그러면 사람을 대하고 일을 처리하는 데 더 큰 포용력이 생길지도 모른다.

이 간단한 깨달음과 실천법은 나이 들어 내가 하는 여가 활동이자 두뇌 활동 중 하나인데, 꽤 재미있으니 한 번쯤 시도해봐도 좋다.

 선생님,
한 번 더 말씀해주실 수 있나요?

언젠가 내가 참여하는 지역 교육센터 '숲길 걷기' 수업에서 신베이新北시 난스자오산南勢角山의 홍루디烘爐地 트레일을 걸었는데 수강생 20명 중 80퍼센트가 고령자였다.

산비탈길 옆 암석층을 걸을 때 28세의 선생님이 학우들을 위해 이번 학기에 갔던 명소와 그곳이 속한 지층을 복습해주었다. 퇴적 시기 순으로 우즈산五指山층(구이쯔컹貴子坑), 무산木山층(쥔젠옌), 다랴오大寮층(허핑다오和平島), 스디石底층(난스자오산), 난강南港층(난강산南港山)이었다.

걸음이 느린 몇몇 학우가 뒤늦게 따라오자 선생님은 다시 한번 설명해주었고 원래 있던 사람들도 같은 내용을 또 들었다. 이야기가 끝났나 싶었는데 한 학우가 다가와 한 번 더 설명해달라고 부탁해서 한바탕 웃음보가 터졌다. 다른 게 아니라 휴대폰으로 녹음을 하려던 것이었다. 이후 길을 걸으며 다섯 지층을 외는 사람도 있었다. 세 시간의 여정이 마무리되었을 때는 지층과 그 순서를 기억하는 사람이 꽤 많았다.

이 에피소드로 몇 가지 깨달은 점이 있다.

1 | 자주 쓰면 발달하고
안 쓰면 퇴화한다(용불용설)

일주일에 한 번 하는 파워 워킹 수업을 4개월 동안 받은 후, 학우 중 일부의 허벅지와 종아리 근육이 튼튼해지고 힘이 생겼으며 균형 감각도 향상되었다. 언덕을 오를 때 숨이 가빠 식식거리는 일도 눈에 띄게 줄었다.

뇌도 마찬가지로 쓰면 쓸수록 더 똑똑해진다. 집중해서 열심히 들어도 선생님이 포인트를 반복해서 알려줘야 하는 고령자일지라도 부지런함을 통해 부족한 부분을 메울 수 있다. 여러 번 반복해서 다섯 지층을 외울 수 있었던 것처럼 말이다.

한창 공부하는 시기이고 나이가 어려도 선생님이 수업한 내용을 전부 다 기억할 수는 없다. 전부 다 기억한다면 누구나 시험에서 100점을 받으리라. 그러니 액티브 시니어들이여! 스스로에게 한계를 두지 말고 용감하게 시도하자.

2 | 자신의 강점을 파악하자

시간이 갈수록 퇴화하는 몸의 각 기관들, 얼굴 주름, 둔해진 움직임은 나이 들고 있다는 가장 분명한 신호다.

뇌의 변화는 눈에 보이지 않지만 일반적으로 생각하는 속도, 단기 기억, 문제 해결 등과 관련한 '유동성 지능'은 30세에 최고치에 도달한다. 반면 후천적으로 학습한 어휘와 언어 등을 통해 측정하는 '결정성 지능'은 나이의 영향을 덜 받는 편이다.

그래서 고령자는 여러 번 반복 암송해야 겨우 기억할 수 있을지도 모른다. 하지만 우리는 남는 게 시간이다. 이렇게라도 반복하고 노력하다 보면 언어 표현 능력은 좋아지고 생활의 지혜는 날로 늘어나며, 융통성이 생기고, 심지어 유머를 발휘하고 자조하는 법도 배울 수 있다. 선생님에게 다시 한번 말해 달라고 요청한 친구의 말에 모두가 웃었지만, 실은 모두가 같은 마음이었을 것이다.

3 | 과학기술을 활용하여 새로운 지식을 배우자

사실 그 친구는 3C 제품 활용의 달인으로, 스마트폰을 충분히 활용해 선생님의 설명을 녹음하고 학우들의 복습을 도왔다.

요즘은 수많은 강의, 사진, 동영상이 라인 단톡방 등 통신 소프트웨어를 통해 알려지거나 전달된다. 전자 결제를 사용하기 시작한 액티브 시니어도 많다.

이처럼 과학기술을 자유자재로 활용하면 생활이 한결 편리해진다.

4 | 자신에게 엄격하게 굴지 말자

활기찬 노년을 유지하는 건 좋으나 나이 들었다는 사실은 인정해야 한다. 노년이 몸과 마음에 미치는 영향을 인정하는 것이다. 자신의 체력을 높이 평가하는 건 좋으나 젊은 사람들처럼 민첩하고 힘이 넘친다는 생각은 금물이다. 따라서 억지로 무리해선 안 된다.

앞에서 언급했듯이 가끔 비 오는 날 질퍽거리는 산길이나 로프를 잡고 올라가야 하는 고난도 코스를 만나면 나는 내 체력 수준을 가늠해보고 포기한다. 사고로 다치거나 팀원들에게 부담을 주지 않기 위해서다.

이건 마치 호텔에서 뷔페를 먹는 것과 같은 이치다. 배가 터질 정도로 스테이크, 해산물, 디저트 등 모든 음식을 다 먹을 필요는 없다. 자기가 좋아하거나 필요한 음식만 담아서 적당히 먹어야 뷔페를 즐길 수 있다.

5 | 선생님과 팀원들이 중요하다

나는 운 좋게도 노인을 이해해주는 젊은 선생님을 만났다. 학우들끼리도 서로 양보하고 포용하면서 나처럼 행동이 느린 사람을 특별히 신경 써주었다.

물론 관심사가 같은 사람과 함께 동호회에 드는 것이 가장 좋지만, 동호회에서 새로운 친구를 사귈 수도 있다. 가족 이외에 친구들이 생기면 더 즐겁게 생활할 수 있고 외로움과 멀어져 신체적, 정신적 건강에도 도움이 된다.

 범사에 기한이 있고
천하 만사가 다 때가 있나니

　　　　　어느 날 거울을 보는데 상복부 피부 밑에 정맥이 아물거렸다. 아직 뭉치진 않았지만 순간 의대생 시절에 배운 '메두사의 머리caput medusae'가 떠올랐다.

　이 증상은 간경화로 간문맥의 압력이 상승해 정맥 환류에 이상이 생기면 측부순환(혈관이 막혔을 때 다른 혈관이나 새로 생긴 작은 혈관을 통해 이루어지는 비정상적인 혈액 순환을 말하며 곁순환이라고도 함-옮긴이)이 일어나 복부 피하에 메두사 머리에 있는 뱀들처럼 정맥이 부풀어 뒤틀린 형태로 나타나는 것이다.

　그런데 지금까지 나는 간질환도 없었고 간염 보균자도 아니었다. 설마 몇 년 전에 걸렸던 유방암이 나도 모르는 사이에

간으로 전이된 걸까?

어쩌면 인생의 마지막 순간이 눈앞에 닥쳤는지도 몰랐다. 생각해보니 지난 70여 년간 나름대로 괜찮게 살아왔고 몇 가지 주변 정리만 하면 될 것 같았다.

한평생을 나름대로 순조롭게 살았다는 생각에 감사한 마음이 들었다. 이쯤에서 인생에 마침표를 찍어도 여한이 없었고 심지어 홀가분한 기분이 들기도 했다.

어쨌든 수년간 추적 관찰을 안 하기도 했기에 겸사겸사 당시 내 집도의에게 진찰을 받으러 갔다. 유방과 복부 초음파 검사를 했는데 유방암이 재발하지도 않았고 간경화나 간암도 아니었다.

왜 복부 피하에 경미한 정맥류가 나타났는지는 알 수 없었다. 일단 당장 위험한 상태는 아니라서 마음이 놓였지만, 모든 생명에는 끝이 있다는 사실을 다시금 깨달았다.

내일이 영원하다면 어떨까?

영화 〈바람과 함께 사라지다〉의 유명한 마지막 장면을 기억한다. 슬픔에 겨운 스칼렛 오하라가 문을 닫으며 자신에게 이렇게 말한다. "내일은 내일의 태양이 뜰 거야 After all, tomorrow is another day." 또 다른 내일이 찾아와 문제를 해결할 거라는 스칼렛의 자신감과 초연함이 잘 드러나 깊은 인상을 남긴다.

그런데 만약 진짜로 내일이 '영원'하다면 어떤 상황이 펼쳐질까? 이런 상상을 해보았다. 죽음이 사라지니 곳곳에 사람들로 가득하다. 살 집이 부족해진다. 몇 세대, 몇십 혹은 몇백 세대가 함께 살아 서로 어떻게 불러야 할지 모른다. 먹을 음식이 부족해진다. 서로 음식 때문에 다투고 약탈하며 사재기가 끊이지 않는다. 일자리를 찾을 수도 없고 그럴 필요도 없다. 사람들이 게으르고 탐욕스러워지며 돈이 모자랄까 봐 걱정한다. 비틀거리거나 지팡이로 몸을 지탱하고 심지어 바닥을 기는 노인들이 도처에 있다. 나이가 천 살인 사람은 어떤 모습일지 상상조차 하기 어렵다. 모든 의료 자원은 병을 치료하거나 예방하는 데가 아니라 젊고 아름다운 외모를 유지하는 데 사용된다.

내가 좋아하는 성경 구절이 있다. "범사에 기한이 있고 천하만사가 다 때가 있나니, 날 때가 있고 죽을 때가 있으며 심을 때가 있고 심은 것을 뽑을 때가 있으며……(전도서 3장 1~11절-옮긴이)"

비단 생명뿐만 아니라 우리 생활 곳곳에도 기한이 있다. 이는 압박이자 채찍질이기도 하지만, 때로는 축복이 되기도 하다. 예를 들어 계획서, 보고서, 글 등에도 마감일이 있다. 또한 정년이 존재하기에 사람들은 휴식을 취하거나 다채로운 인생을 꾸려나갈 수 있다는 기대감에 은퇴를 기다리기도 한다. 아울러 정년에 퇴직해서 젊은 사람에게 자리를 양보하고 직장 내 신진대사를 촉진해야만 세상이 막힘없이 술술 굴러갈 수 있다.

오늘 하루를 잘 보냈는가?

나는 매일 밤 자기 전에 휴대폰 캘린더 앱을 열어 오늘 하루를 잘 보냈는지, 오늘 하고 싶었거나 해야 할 일들을 마무리했는지 자문하고 내일 일정을 살펴본다.
내일이 있다는 걸 믿고 내일이 오기를 기대하지만, 그게 영원할 거라고는 생각하지 않는다.

인생의 행운은
하늘의 별처럼 셀수록 많아진다

　　새벽에 늘 하던 대로 인터넷에서 의학 간행물을 읽는데 흥미로운 논문이 눈길을 사로잡았다. 의대생의 약 14퍼센트가 '의대생 증후군'을 겪고 있다는 내용이었다. 의대생 증후군이란 어떤 질환을 배웠거나 환자를 봤을 때, 자신도 같은 증상이 있거나 해당 질환에 걸린 건 아닌지 불안해하고 걱정하는 것을 가리킨다. 실제로 '병을 자신처럼 여기는' 것인데 다행히 나는 한 번도 그런 생각을 한 적이 없다.

　왜 내게는 의대생 증후군이 없었을까? 젊었을 때는 순진하게 '의사는 의사, 환자는 환자'처럼 둘의 역할이 전혀 다르다고 생각해서 그랬던 것 같다. 의사는 병에 걸리지 않는다고, 적어도 중병에는 걸리지 않는다고 생각했다. 당시 나는 의사가 세상을 떠났다거나 중병에 걸렸다는 소식을 들을 때마다 놀라며 의아하게 여겼다.

거의 반세기 전, 흉부 병동에서 인턴으로 일할 때 개방성 폐결핵 환자들이 입원한 구역이 있었다. 회진할 때 의사들은 마스크를 쓰지 않았는데 환자에 대한 존중과 자신의 면역력에 대한 믿음 이외에 '의사는 감염되지 않는다'는 미신도 어느 정도 작용했을 것이다. 그런데 당시에는 실제로 그로 인해 폐결핵에 걸린 의사가 있다는 이야기는 들어본 적이 없다.

이런 순진함과 무지가 어쩌면 행운이었을지도 모른다. '모르니까 용감했던' 나는 죽어라 일에 매진하며 열심히 공부했고, 의대 졸업 후에는 대학병원에 들어가 의사이자 교육자로서 바쁘게 살았다.

그리고 수년이 지나 '마침내' 의사도 병에 걸린다는 사실을 알게 되었다. 다만 의사는 의료 자원에 더 쉽게 접근할 수 있고, 예방법과 병의 예후를 잘 알아서 무턱대고 걱정하거나 두려워하지 않는다는 차이가 있을 뿐이다.

'행운'이라는 관점으로 자신의 건강을 바라보자

나는 57세가 되면서 잇따라 유방암, 경추 디스크, 요추 전방전위증(위 척추뼈가 아래 척추뼈보다 배 쪽으로 밀려 나가 허리 통증과 다리 저림을 일으키는 질환-옮긴이)으로 고생했는데 운 좋게도 전부 다 치료했다. 그때 나는 불현듯 깨달았다. 그전까지 내가 아프지 않았던 건 아직 젊고 부모님이 좋은 유전자를 물려주신 데다 몸에 힘이 남아 있던 덕분이지, 의사라는 직업과는 무관하다는 점을 말이다.

의대생 시절을 떠올려보니 외과, 내과, 부인과, 소아과 등 과가 참 많았다. 과마다 별도로 전공 과가 있는데 두꺼운 영어 원서에 적힌 질병만 해도 엄마 뱃속에서 생기는 유전자 돌연변이부터 출생 후 발달장애, 미생물 감염, 암, 외상, 퇴화, 대사이상, 정신질환 등 수없이 많았다. 나중에 의사 생활을 할 때도 새로운 질병이 계속해서 등장했다. 그 수많은 질병 중에 내가 걸린 건 고작 세 가지에 불과하니, 이 얼마나 행운인지!

앞에서 말했듯이 거울을 보다가 복부 피하에서 메두사 머리의 뱀을 닮은 정맥류를 발견했지만 복부 초음파 검사 결과 내가 우려한 간병변은 없었다.

나이 들어서야 처음으로 내 몸에서 예전에 교수님이 가르쳐준 '메두사의 머리'를 떠올릴 만한 게 생겼으니, 이런 행운이 또 어디 있겠는가!

보이지 않는 행운은 셀수록 많아진다

우리는 흔히 선물을 받든지 아니면 좋은 평판을 얻거나 복권에 당첨되어야 행운이라고 생각한다. 그런데 다른 각도에서 생각해보자. 암으로 발전할 만큼 세포가 비정상적으로 증식하지 않고 신체 기관이 빠르게 퇴화하거나 바이러스의 침범을 받지 않는 등 몸에 별다른 이상 없이 건강한 것, 교과서에 열거된 수많은 질병에 걸리지 않은 것, 설령 그중 몇 가지 질병에 걸렸더라도 눈부신 속도로 발전하는 의약품 덕분에 병을 치료하거나 병세를 완화할 수 있다는 것, 이 모든 게 다 눈에 보이지 않는 행운들이다.

자세히 곱씹어보면 이런 보이지 않는 행운은 셀 수 없을 정도로 많다. 마치 하늘의 별이 셀수록 많아지는 것과 같다.

 별것 아닌 일이
희망을 가져다줄 수 있다

최근 미국 보스턴 브리검 여성병원의 의사 제시카 스튜어트Jessica C. Stuart가 2021년 11월 《뉴잉글랜드 저널 오브 메디슨The New England Journal of Medicine》에 발표한 에세이 〈별것 아닌 일들The Little Things〉을 읽었는데 무척 공감이 되었다.

언젠가 회진을 돌면서 스터트는 백혈병으로 줄기세포 이식을 받은 중년 남성 환자에게 치료가 잘 끝나 더 이상 항생제를 쓸 필요가 없다고 알려주었다.

그 말을 듣고 병원에 입원한 지 한 달이 넘은 데다 패혈증이 심해 중환자실까지 다녀온 그 환자가 이렇게 물었다. "그럼 이제 더 이상 맛없는 병원 밥은 안 먹어도 된다는 말씀이시죠?"

두 사람은 그 뒤로 15분간 병세는 까맣게 잊은 채 음식과 환자 부인의 기똥찬 치즈버거 레시피에 대해 이야기를 나누었다.

스터트는 공감 능력이 뛰어났다. 청소년 시절에 림프종으로 화학 치료를 받은 경험이 있었기 때문이다. 당시 그녀는 의사에게 화학 치료를 하면 머리카락이 빠지지 않느냐고 물었는데 그렇다는 의사의 대답을 듣고 병의 심각성을 알게 되었다. 그런데 화학 치료가 성공적으로 끝난 후 그녀에게 가장 깊은 인상을 남긴 건 다름 아닌 어머니가 만든 소시지 샌드위치였다.

환자는 왜 '사소한 일'에만 신경을 쓸까?

그건 병세가 너무 복잡하고 심각한 경우가 많기 때문이다. 의사가 자세히 설명해줘도 마음이 심란한 환자 가족은 이해하지 못할 수 있다. 오히려 소소하고 일상적인 부분을 통해 병의 경중을 알 수 있는데, 이는 더 단순하면서도 실용적이다.

이는 환자가 수술을 받기 전에 가족이 의사에게 "수술 시간은 얼마나 걸리나요?"라고 묻는 것과 비슷하다. 수술실 밖에서 기다리는 시간을 내기 위한 목적도 있지만 수술 시간으로 병세의 심각성과 수술의 어려움을 가늠하는 것이다.

작은 행동 하나가
깊은 사랑과 관심을 대변한다

수년 전에 한 여성이 허혈성 뇌졸중으로 뇌수종이 발생해 혼수상태에 빠졌다. 나는 환자의 남편에게 열심히 병세를 설명한 뒤 더 알고 싶은 것이 있는지 물었다. 그러자 남편이 질문했다. "아내 손이 좀 부은 것 같은데 왜 그런 거죠?"

당시 나는 왜 그런 중요하지도 않은 질문을 하는지 이해가 되지 않아 순간 멍해졌다. 혹시 지금 아내가 얼마나 심각한 상태인지 모르는 건가?

그래서 이렇게 대답했다. "환자분이 지금 혼수상태라 혼자 움직이지 못해서 그런 거예요. 저희가 환자분 손을 좀 높여드릴게요. 남편분이 손을 천천히 들어 올려 가볍게 안마해주셔도 좋아질 겁니다."

그가 아내 곁에서 전심전력을 다해 내가 시킨 대로 하는 모습을 보며 문득 깨달았다. 그에게는 이런 작은 일이라도 사랑하는 가족을 위해 최선을 다하고 있다는 기분이 들게 한다는 걸 말이다. 별것 아닌 것 같은 이런 작은 행동이 꼭 엄마가 아이의 눈물이나 얼굴에 난 땀을 닦아주는 것과 비슷하지 않은가?

그 후로 나는 뇌졸중 환자 가족에게 침대 옆에서 환자의 마비된 손발을 살짝 들어 올려서 가볍게 마사지해도 된다고 알려주었다. 환자를 위해 하는 이런 작은 일들이 가족에게는 안정감을 주고 심지어 희망을 가져다줄 수 있다.

작은 일이 때론 선택을 좌우한다

'작은 일'은 스터트의 소시지 샌드위치와 그 환자의 치즈버거처럼 우리가 계속 노력하거나 분투하도록 지탱해주는 힘이 될 때가 많다.

수년 전 유방암에 걸려 수술과 화학 치료를 받아야 했을 때, 나는 다시 한번 중청루忠誠路에서 대만모감주나무의 단풍을 볼 수 있으면 좋겠다고 생각했다. 그러고 나서 다시 수년 후 경추 디스크 수술을 해야 했을 때는 재래시장까지 걸어가 여기저기서 물건 사라고 외치는 소리를 듣고 100대만달러짜리 과일 더미를 볼 수 있기를 오매불망 바랐다.

대수롭지 않아 보이는 작은 일이 사람들의 결정을 좌우하기도 한다.

68세인 친구가 고혈압 진단을 받아 심장 전문의가 약을 처방해주었다. 그런데 친구는 혈압강하제를 매일 지속적으로 복용해야 한다는 사실을 모르고, 혈압이 낮아지면 안 먹고 혈압이 높을 때만 먹으면 된다고 생각했다.

그러고는 한 달 후에 검사했는데 혈압이 높게 나왔다며 친구가 말했다. "의사가 계속 잔소리하면서 이러는 거야. '식사는 매일 하시지 않습니까?'" 그 말에 친구는 기분이 언짢았던 것이다.

나중에 친구는 의사 말대로 매일 꼬박꼬박 약을 챙겨 먹었지만 다른 의사에게 진료를 받기로 결정했다. 새로운 의사는 친구의 혈압이 잘 조절되고 있는 걸 보더니 친절하게 알려주었다. "모든 게 잘 돌아가고 있네요." 그러고는 같은 약을 처방했다.

이처럼 의술이 뛰어나더라도 용어 사용이나 말투처럼 사소한 부분이 환자의 선택을 좌우할 수 있다.

소소한 일이 좋은 관계로 이어지기도 한다

소소한 일도 무시해서는 안 된다.

40년 전 결혼하고 시댁 식구와 시골에서 살게 된 친구가 있었다. 이제 막 결혼한 지 3일째 되던 날, 친구는 부엌에서 밥을 지었고 전기밥솥의 취사가 완료되자 쇠집게로 내솥을 옮기려 했다. 그런데 식탁으로 가지고 오는 동안 집게가 헐거워졌는지 뜨거운 김이 펄펄 나는 흰밥을 그만 바닥에 쏟고 말았다.

그때 시어머니가 말했다. "괜찮아. 더러워진 밥은 닭이나 오리 주고 깨끗한 밥은 우리가 먹으면 돼." 난감해하던 친구는 감격한 나머지 그때부터 좋은 고부 관계를 유지했다.

시어머니가 돌아가신 후 친구는 시어머니 이야기를 할 때마다 고마워했다. 작은 일은 결코 그냥 작은 일에 그친 적이 없다는 것을 알 수 있다.

좋아하는 모습으로
바꾸고 싶다면

친구들과 먀오리^{苗栗}에 있는 유명한 식당에 밥을 먹으러 갔다. 직원이 흰밥은 없고 대추밥만 있는데 120대만달러라고 알려주었다. 나는 그렇게 비싼 밥이면 틀림없이 맛있겠다고 생각하며 한 그릇을 주문했다.

주문한 밥이 나왔는데 보통의 밥그릇 분량이라 조심스럽게 4등분을 했다. 조금씩 떠서 혀끝에 놓고 맛을 보니 밥이 찰지고 은은하게 대추 향이 나는 것이 정말 끝내주게 맛있었다.

타이베이로 돌아오는 길에 나는 대추밥을 극찬하며 말했다. "한 그릇에 120대만달러라 좀 비싸긴 한데 그래도 비싼 값을 하더라."

그러자 친구가 말했다. "무슨 소리야, 20대만달러였구먼!"

한 그릇에 20대만달러였는데 내가 120대만달러로 잘못 들은 것이다. 내 청력 문제를 떠나서 가격을 잘못 들은 덕분에 오히려 음식 맛도 충분히 즐기고 괜찮은 가격에 훌륭한 식사를 했다는 느낌까지 받았다.

믿음과 예측의 놀라운 효과

위약은 단순히 '플라세보 효과 placebo effect'에 그치지 않고 뇌에서 약과 동일한 효과를 만들어낼 때도 있다. 특히 진통제와 항우울제에서 가장 두드러지며 그 효과가 무려 40퍼센트에 달하기도 한다.

따라서 신약의 치료 효과를 입증하려면 위약을 대조군으로 '이중 맹검법'을 사용하는 임상시험을 거쳐야 한다. 의사와 환자 모두 환자가 복용하는 게 위약인지 신약인지 모르는 상태를 임상시험이 끝날 때까지 유지해야 눈가림을 해제했을 때 효능을 입증할 수 있다. 신약의 치료 효과가 위약보다 눈에 띄게 좋아야 약효를 입증하고 출시할 수 있다.

약효가 있다고 기대하거나 믿었을 때 약효가 생길 수 있다면, 반대로 부작용이 생길 수 있다는 믿음이나 예측도 부작용을 낳을 수 있는데 이를 '노세보 효과 nocebo effect'라고 한다. 따라서 일부 임상시험에서는 위약을 복용한 조에서도 확률이 좀 낮을 뿐 신약을 먹은 조와 같은 부작용이 나타났다. 이를 통해 믿음과 긍정은 힘이 될 수 있지만 올바른 곳에 사용해야 한다는 것을 알 수 있다.

그러니 매일 아침 일어나 거울에 비친 자신을 보며 이렇게 말해보자. "넌 최고야. 이 세상에 하나뿐인 유일무이한 존재!"라든지 "너, 웃는 게 참 귀엽다!"라며 자신감이 충만한 상태로 문을 나서는 것이다.

당신이 어떻게 자기 자신을 대하고 긍정하는지에 따라 당신이 좋아하는 모습으로 바뀔 것이다.

노년을 긍정적으로 바라보면 좋은 점이 많다

최근 2023년 4월 《미국의사협회 저널The Journal of the American Medical Association》에 실린 예일대학교의 논문을 읽고 열의가 샘솟았다.

베카 레비Becca R. Levy 박사 연구팀은 평균 나이 77세인 경도인지장애mild cognitive impairment, MCI 환자 1,716명을 추적 관찰했다. 시작할 때 '노년에 대한 태도' 설문지로 노년에 대한 참가자들의 생각을 평가했다. 설문지는 "나는 나이 들수록 쓸모없다고 느낀다" 등 총 다섯 문항이며 각 문항마다 자신이 그렇다고 느끼는 정도를 1~6점 중에 골라 체크한다. 총점이 15점보다 적으면 노년을 긍정적으로 생각하는 사람이고, 15점 이상이면 부정적으로 생각하는 사람이다. 2년마다 참가자들의 인지능력을 평가했는데 가장 많은 평가 횟수는 무려 7회에 달했다.

추적 관찰 결과, 노년을 긍정적으로 생각하는 사람이 부정적으로 생각하는 사람보다 정상적인 인지능력을 회복할 확률이 30퍼센트 더 높은 것으로 나타났다.

'경도 인지장애'란 무엇인가?

'경도 인지장애'는 정상 노화와 치매의 중간 단계로 단기 기억력이나 인지능력이 살짝 떨어지는 것을 말한다. 일상생활에는 영향을 주지 않으므로 치매는 아니다.

앞에서 말했듯이 일반적으로 매년 10~15퍼센트의 경도 인지장애 환자가 알츠하이머병이나 다른 치매로 발전하기 때문에 경도 인지장애는 치매의 위험 인자 중 하나로 간주된다. 그런데 매년 16~25퍼센트의 경도 인지장애 환자는 인지 기능이 정상으로 회복되기도 해 최근 들어 주목을 받고 있다.

인지 기능이 왜 회복되는지를 연구한 논문은 많지만 아직까지 정론은 없다. 아마도 경도 인지장애 환자의 나이, 아포지질단백질의 유형, 생활 습관, 정신 상태(우울, 불안, 스트레스 등)와 관련이 있을 것이다.

따라서 의사들은 경도 인지장애 환자들에게 치매 예방을 위해 노력하라고 권고한다. 예를 들어 머리를 많이 쓰고, 운동을 많이 하며, 뇌를 자극하는 여가 활동에 적극 참여하고, 사람들과 더 많이 교류하고, 3대 성인병(고혈압, 고혈당, 고지혈증)을 치료하는 한편, 6개월에서 1년마다 인지 기능을 추적 관찰하는 것이 좋다.

레비 박사는 2023년 논문에서 '노년을 긍정적으로 바라보기'라는 따라 하기 쉽고 돈 안 드는 방법을 제시했다. 만약 이 방법을 널리 보급할 수 있다면 일반 대중의 건강에 도움이 될 것이다.

> 노년을 '받아들이고'
> 노년에 대한 '생각을 바꾸다'

그런데 어려서부터 노년에 대해 부정적인 이미지를 가진 사람들이 많다. 나는 네다섯 살쯤 되는 아이가 할아버지 흉내를 내면서 대지팡이를 짚고 절뚝거리며 걷는 걸 본 적이 있다. 성인이 된 후에는 매체 광고에서 우리에게 어떻게 하면 '회춘'할 수 있는지 끊임없이 알려준다. 노인들도 걸핏하면 저도 모르게 "나이 드니까 쓸모없어졌어"라며 한탄하고, 심지어 나이가 벼슬인 양 유세 떤다는 부정적인 인상을 주기도 한다.

그렇다면 어떻게 해야 노년에 대한 긍정적인 인식을 심을 수 있을까?

1. 일단 '받아들이는 것'이다. 인생은 사계절처럼 봄에는 봄갈이하고 여름에는 김매며 가을에는 수확하고 겨울에는 저장하는 등 나이대마다 고유한 특징이 있다.

2. 그다음은 '생각을 바꾸는 것'이다. 나이 들어서까지 살 수 있다는 데 감사하고 나이 들면서 따라오는 외모의 변화와 몸의 통증을 받아들인다. 동시에 의학과 과학기술의 발전을 누린다.

80세 친구가 유방암의 간 전이가 의심되어 간 생체 검사를 받아야 했다. 친구들은 걱정하는데 당사자는 오히려 편안하게 말했다. "간생검은 의사가 초음파로 병변과 바늘 삽입 위치를 볼 수 있어서 문제없어. 검사 결과 전이가 확실하면 유방암은 늘 신약이 나오니까 화학 치료나 표적 요법을 받으면 돼. 나는 아직 식욕도 좋고 잘 먹는 데다 체력까지 길러뒀으니 지금 몸 상태라면 치료를 견딜 수 있을 거야." 그 말에 나는 안심도 되고 친구가 존경스럽기도 했다.

노년을 긍정적으로 바라보는 태도의 장점은 문헌에 수없이 등장한다. 사망률이 낮아지고 걷는 속도가 빨라진다. 악력이 세지고 인지능력도 좋아지며, 건강 교육 프로그램의 혜택을 누리고 적극적인 치료를 받을 수도 있다.

내 전작 《나답게 나이 드는 즐거움》에 나오는 문장을 인용하겠다. "생각하는 대로 행동하면 결국 당신이 상상한 결과에 다다른다." 그러니 긍정적으로 노년을 바라보자.

5장

병은 알면 알수록 두렵지 않다

막연히 두려워 말고 구체적으로 대비한다

친구가 아플 때와
내가 아플 때

　　단체 여행을 갔을 때 점심 식사 메뉴에서 표고버섯 튀김이 인기였지만 나는 손도 대지 않았다.

　한 친구가 내게 왜 안 먹느냐고 물어서 전날 위내시경 검사를 했는데 역류성 식도염이 있어서 튀긴 음식을 먹으면 안 된다고 대답했다.

　그러자 친구가 다시 물었다. "이상하네요. 살도 안 쪘고 술, 담배도 안 하고 맵거나 기름진 음식도 안 먹는데 왜 역류성 식도염이 생겼을까요?"

　그가 계속 분석하는 게 싫어서 얼른 둘러댔다. "제가 차랑 커피를 마셔서요."

그러자 기다렸다는 듯이 대답이 날아왔다. "커피는 저도 마시는데요. 그렇게 따지면 저도 걸렸어야죠. 틀림없이 다른 원인이 있을 거예요. 이를테면 스트레스라든지."

나한테 무슨 스트레스가 있느냐고 물으려던 참에 다른 친구가 친절하게 조언했다. "저도 예전에 역류성 식도염이 있었어요. 약을 먹어도 소용이 없었죠. 나중에 누가 알려줬는데 음식을 먹을 때 한 번에 최소 스무 번은 씹고 삼켜야 증세가 좋아진다고 하더라고요."

정말이지 나는 이 화제를 꺼내면 안 되었다. 이 일로 최근에 친한 친구가 암에 걸렸을 때 주변 사람들이 보인 반응이 떠올랐다.

그 친구는 암에 걸렸느냐는 질문을 받으면 딱히 부인하지 않았다. 그렇다고 먼저 나서서 자신의 병을 알리지도 않았다. 암에 걸린 사실을 다른 사람이 알까 봐 두려워서가 아니었다. "어쩌다 그런 병에 걸렸어?", "왜 조기에 발견하지 못한 거야?"라며 사람들이 이것저것 캐물을까 봐 두려웠던 것이다. 병의 원인을 찾지 못하면 이상한 유전자라든지 조상이 부덕하다든지 아니면 전생의 업보라는 식으로 조상이나 전생 탓을 하는 경우도 있다.

당신에게 어떻게 암을 발견했는지, 어떤 증상이 있고 어떤 검사를 받았는지 자세히 묻는 사람이 있다면 자신에게 같은 문제가 있는지를 확인하고 치료 시기를 놓치지 않으려는 것이다. 실력이 좋은 의사가 있으니 그 사람한테 치료를 받아야 한다고 알려주거나 온갖 건강보조식품을 선물하는 친구들도 있다.

선의라도 이런 식의 관심과 조언은 정말 사람을 지치고 피곤하게 만든다.

친구가 아프면
어떻게 관심을 보여야 할까?

그렇다면 친구가 아플 때는 어떻게 관심을 보여야 할까? 쉽지 않은 문제이지만 우정의 깊이, 환자의 성격과 필요에 따라 결정할 수 있다.

서로 잘 모르는 가벼운 관계라면 묵묵히 걱정해주면 그만이다.

자주 왕래하는 친구라면 전화, 메시지, 이메일, 라인으로 안부를 묻고 행운을 빌어주며 혹시 도울 일이 없는지 물어볼 수 있다. 만약 예전에 자기가 걸렸던 병이라면 상대방이 필요하다고 할 때 관련 정보를 제공하겠다고 말할 수도 있다. 이렇게 하면 당신의 관심을 표현하는 동시에 상대방에게 시간 여유를 줄 수 있고, 상대방이 '읽씹'을 해도(메시지를 읽었는데 답장이 없어도) 서로 안심할 수 있다.

물론 가족과 절친한 친구에게는 바로 전화해서 무엇을 도우면 좋을지 묻거나 직접 방문하여 도와줄 수 있다.

필요할 때는 적극적으로 도움을 요청한다

반대로 본인에게 도움이 필요할 때는 적극적으로 요청해도 좋다.

혼자 살다 보니 나는 라인 채팅방에 메시지를 보내 몇 번이나 친구들의 도움을 받았다. 한 친구는 백내장 수술을 받으러 갈 때 보호자로 동행해 눈가리개를 한 나를 집까지 데려다주었다. 또 한 친구는 내가 허리 디스크 수술을 받고 퇴원할 때 요추에 무리가 가지 않게 조심히 운전해서 나를 집에 데려다주었다. 집에 도착해서는 붕대를 갈아주고 머리 감는 걸 도와주었다.

나는 이런 도움의 손길들을 떠올릴 때마다 마음이 따뜻해진다.

외자녀 가구와 독거 인구가 날로 늘어나는 요즘 시대에 도움이 필요한 사람들은 아주 많다. 예를 들어 응급실에 가거나 외래 진료를 받으러 병원에 온 환자의 휠체어를 밀어주고 환자 곁을 지켜주면 가족이 진료 접수를 하거나 약을 받으러 갈 때 도움이 될 수 있다.

최근 당뇨병 환자인 친구가 합병증으로 신장질환이 생겼다. 적극적으로 치료를 받으면서 저당·저단백질 음식을 섭취해야 하는데 체력을 유지하려면 일정량의 열량도 섭취해야 했다. 그래서 친구는 전화로 몇몇 친구에게 조언을 구했다. 마침내 전문적이고 친절한 영양사와 특수 도시락을 제공하는 업체를 찾았고, 친구는 신대륙이라도 발견한 것처럼 그런 시장이 있다는 걸 처음 알게 되었다.

식당에서 내가 역류성 식도염이라 표고버섯튀김을 안 먹는다고 말했을 때는 사실 사람들에게 "그 음식을 싫어하는 게 아니라 당분간은 먹을 수 없어요"라고 알려주고 싶었을 뿐이었다. 그리고 사람들이 "그럼 다른 담백한 걸 드세요"라고 편하게 대답해주면 충분하겠다는 바람이 있었다.

 ## 무슨 병인지 알고 싶으면
'몇 살'인지부터 묻는다

　근교 산에서 친구와 함께 하이킹을 했다. 우리 둘 다 등산 스틱을 짚으며 한 발 한 발 계단을 내려왔는데, 너무 빨리 걸으면 무릎을 다칠까 봐 걱정되었기 때문이다.

　친구가 말하길, 어느 날 아홉 살 손자가 2층에서 껑충껑충 뛰어 내려오는 모습을 보고 부럽다고 했더니 손자가 이렇게 말했다고 한다. "전 할머니가 부러워요. TV를 보거나 자기만 하고 공부는 안 해도 되잖아요."

　그러자 친구 아들이 옆에서 얼른 말했다. "할머니는 우리 먹을 저녁밥을 준비해주신 다음에 누워서 쉬시는 거야."

　연령대별로 체력, 지적 능력, 책임이 각기 다르다. 누구나 젊었고 언젠가는 늙는다. 사교 모임에서 나이를 묻는 건 실례이지만 의료에서는 '나이'와 '성별'이 매우 중요하기 때문에 소아과, 부인과, 노인의학과 등 다양한 과와 부서가 존재한다.

같은 병이라도
노인과 아이의 발병 원인이 다르다

연령대별로 잘 걸리는 질환이 다르다. 이를테면 영유아는 감염이나 음식 섭취에 의한 질환이 대부분이고, 청소년은 여드름 때문에 고민이며, 중년부터는 3대 성인병에 주의해야 하고, 노년은 암과 장기 기능 퇴화를 조심해야 한다.

하지만 나이는 연속하는 숫자라 분명한 경계가 없고 발병하기 쉬운 연령대도 절대적이지 않다.

자가면역질환인 중증근무력증에 잘 걸리는 연령대는 20~30세와 50~60세다. 뇌종양은 중노년층이 주로 걸리는 병이지만 어린이도 걸릴 수 있다. 다만 병리학적 특징, 치료, 예후에 차이가 있을 뿐이다.

질병의 발생은 나이와 관련이 있을 뿐만 아니라 증상이 같아도 연령대에 따라 고려해야 할 질병이 달라진다.

예를 들어 두통은 모든 연령층에서 흔히 발생하지만 청소년은 주로 편두통, 중년은 근육 긴장성 두통으로 나타난다. 노년에 접어들어 생긴 두통은 대뇌 손상이 아닌지 의심해야 한다.

뇌전증은 유아기 때 나타나면 뇌 이상이나 대사이상이 생겼거나 원인 불명일 수 있다. 노년에 뇌전증이 나타나면 우선 뇌종양이나 기타 뇌 병변의 가능성을 먼저 살펴봐야 한다.

이뿐만 아니라 같은 질환이라도 나이에 따라 치료 효과와 예후가 달라진다.

코로나19 감염으로 인한 노년층 사망률이 높은 이유는 노인의 면역력이 약해서이기도 하지만 기저질환이 있는 경우가 많기 때문이다. 따라서 노인에게 우선적으로 백신을 접종하고 건강보험에서 항바이러스제 비용을 지원하는 것이다.

외모가 젊어 보이는 한 친구가 확진자로 분류되어 병원에 가서 항바이러스제를 처방해줄 수 있는지 물었다. 처음에는 조건에 부합하지 않는다고 했던 의사가 나중에 건강보험카드 정보를 확인하고서야 친구가 '연장자'라는 사실을 알아차렸다. 친구는 의사가 자신을 젊게 봤다는 사실에 그 자리에서 증상이 좋아질 만큼 기뻐했다. 하지만 의사는 친구가 아직 팔팔하고 생리적 나이도 젊은 데다 증상이 경미하다는 점을 고려해 항바이러스제를 처방하지 않았다.

'나이'는 진단에 중요한 단서 중 하나다

증례 토론회에서 의사가 서두에 "30세 남성이 갑자기 두통을 호소하고 좌측 편마비가 왔습니다"라고 시작한다면, 다들 환자 나이가 젊으니 일반 뇌졸중은 아니고 아마 선천적인 동정맥 기형 파열로 인한 뇌출혈이라고 생각할 것이다.

20여 년 전 외래 진료를 보러 온 열 살 여자아이가 이런 말을 했다. "가끔 의자에서 일어나거나 조금만 빨리 걸으면 손발이 자기 마음대로 움직여요. 그러다 어느 순간 갑자기 괜찮아지고요." '돌발성 운동유발 이상운동증'을 가장 잘 묘사한 말이라 오래 기억에 남았다.

그래서 누군가가 친구나 가족의 병에 대해 물어보면 나는 말을 끊고 먼저 이렇게 묻는다. "실례지만 그분 나이가 어떻게 되시죠?"

물론 나이와 증상에 대한 정확한 설명은 병을 진단하는 데 좋은 단서가 되지만 의사의 분석, 감별, 정밀한 검사를 거쳐야만 정확하게 진단하고 치료할 수 있다.

 남녀는 평등하지만
의료에서는 남녀 차이가 있다

증례 토론회에서 사례를 보고할 때 의사들은 보통 간결한 한 문장으로 시작한다. "40세 여성에게 돌발성 우측 편마비가 온 지 벌써 세 시간이 되었습니다." 나이, 성별, 병증의 성격(급성)과 지속 시간 등 중요한 의료 정보를 제공함으로써 토론회에 참석한 의사들을 정확한 진단 방향으로 안내하는 것이다. 그중 '성별'이 최근 들어 점차 주목받고 있다.

남녀는 생식기, 호르몬, 성염색체가 다르다. 남성에게는 전립선, 고환, 테스토스테론이 있고 여성에게는 자궁, 난소, 에스트로겐, 프로게스테론 등이 있다. 따라서 성별에 따라 걸리는 질환도 다르고 비뇨기과와 산부인과로 나뉘는 것이다. 에스트로겐은 여성을 보호하는 역할을 한다. 나이 든 여성이 골다공증이나 알츠하이머병에 잘 걸리는 건 폐경 후 에스트로겐 감소가 일부 원인이기는 하나 주된 발병 원인은 아니다. 에스트로겐을 보충한다고 해서 이 두 질병을 예방할 수 있는 것도 아니므로 이런 목적으로 에스트로겐을 복용하는 것은 추천하지 않는다.

> 같은 병이라고 해서 반드시
> 발병 메커니즘까지 같은 것은 아니다

사람의 염색체는 23쌍이 있는데 그중 한 쌍이 성염색체로 남성은 XY, 여성은 XX다. X염색체는 크기가 더 크고 면역 관련 유전자를 포함해 약 1,100개의 유전자를 갖고 있으며, Y염색체는 100개의 유전자만 갖고 있다. 색맹 유전자와 같은 성염색체 연관 열성 유전 질환이 하나의 X염색체에만 존재한다고 가정해보자. 그래도 아직 정상적으로 기능하는 유전자가 하나 더 있어서 이 유전자를 가진 여성은 증상이 나타나지 않는다. 하지만 이 유전자를 가진 남성은 X염색체가 하나밖에 없기 때문에 유전 형질이 나타나기 쉽다.

남녀는 외관, 생식기, 유전자만 다른 게 아니라 생리, 대사,

면역력, 발병률, 심지어 약물 효능에서도 차이가 난다. 여성의 자궁근종과 남성의 전립선비대증처럼 명확하게 구분되는 생식기 관련 질환을 제외하고도 편두통, 건조증, 홍반성 낭창, 다발성 경화증은 여성에게 흔한 질병이며 군발두통, 폐암, 외상성 뇌손상, 관상동맥심장병은 남성에게 흔한 질병이다. 같은 폐암이라도 폐선암은 여성이, 소세포성 폐암과 편평상피세포암은 남성이 다수를 차지한다.

일반적으로 여성은 선천적, 후천적 면역력이 강하고 세균과 바이러스 감염에 잘 견디는 편이다. 그런데 여성은 면역력이 강하기 때문에 자신의 정상 세포를 공격해 홍반성 낭창과 같은 자가면역질환이 생기기도 한다.

병원病原에 대한 민감성에도 남녀 차이가 있다. 예를 들면 신종 코로나바이러스SARS-CoV-2는 스파이크 단백질을 통해 사람의 호흡기 세포 표면의 'ACE2 수용체'와 결합하여 세포에 침투하고 감염을 일으킨다. 그런데 남성은 ACE2 수용체가 더 많기 때문에 남성이 여성보다 코로나19에 걸릴 확률이 더 높다.

같은 병이라고 해서 발병 메커니즘까지 완전히 같은 건 아니다. 남성의 관상동맥심장병은 주로 동맥 폐색이 원인이라 관상동맥 촬영으로 쉽게 발견된다. 하지만 여성은 흔히 동맥경화로 혈류량이 감소해 관상동맥심장병이 생기기 때문에 혈관 촬영으로는 폐색을 탐지하지 못하며, 허혈성 심질환의 증상이 전형적이지 않아 그냥 지나치기 쉽다.

신약 임상시험 결과를 온전히 여성에게 적용하는 건 무리가 있다

신약 연구 개발은 엄밀한 임상시험으로 약의 효능을 입증해야 한다. 그런데 여성은 생리 주기, 출산, 수유 등 고려할 제약 사항이 있고 임신 가능성이 있는 여성은 안전상 이유로 임상시험에서 배제되는 경우가 많아 보통 임상시험 피험자는 남성이 다수를 차지한다. 따라서 시험 결과가 여성에게 완전히 적합하다고 할 수 없으며 약물 용량도 조정해야 한다.

남녀 차이는 일반적으로 선천적인 '생물학적 성biological sex, male vs. female'을 가리켰는데, 최근 20년간 '사회적 성social gender, man vs. woman'이 점차 중요시되고 있다. 사회적 성은 후천적인 사회, 경제, 문화, 가정, 직장, 심리, 생활 습관의 영향을 받아 나타나는 성향으로 남성성이나 여성성 같은 것이다. 누군가 관찰한 바에 따르면 대만 성인 여성은 혼자 병원에 가서 의사에게 문제를 자세히 물어본다. 반면 성인 남성은 본인이 나서서

가기보다 가족이 설득해서 겨우 진료를 받는 경우가 대부분이라 상대적으로 증상이 심각할 수밖에 없다.

모든 사람의 사회적 성은 가변적이다. 사회적 성은 생물학적 성과 함께 서로 시너지를 내거나 상반작용을 일으키는 등 의료에 복잡한 영향을 끼치는 만큼 논의하고 연구할 여지가 충분하다.

우리는 성평등을 지지하고 남녀 간의 선천적, 후천적 차이와 복잡성을 존중한다. 환자 맞춤형 정밀 의료를 추구하는 요즘 시대에 성별 또한 고려해야 하는 중요한 요소다.

약물 작용은
생각보다 훨씬 복잡하다

　　오랫동안 파킨슨병으로 고생 중인 66세 남성이 있었는데 밤에 떨림으로 잠을 이루지 못했다. 의사는 수면제로 졸피뎀zolpidem(상품명 스틸녹스Stilnox) 10밀리그램을 처방했다.

　그런데 약을 복용한 후 그는 잠이 오기는커녕 오히려 정신이 말똥말똥해졌다. 원래는 무표정한 얼굴에 말을 못 하고 소통도 하지 못했었는데 몇 마디 간단한 말을 하기 시작했다. 여전히 비위관을 꽂은 상태였지만 스스로 빨대를 이용해 음료를 마실 수 있었다. 다만 이런 효과는 세 시간밖에 지속되지 않았다.

　가족들은 기뻐했고 의사도 놀라워했다. 이건 사실 약물의

'역설적 효과paradoxical effect'였다.

수면제의 신비로운 '역설적 효과'

'졸피뎀'의 역설적 효과와 관련된 논문은 2000년 《남아프리카 의학 저널South African Medical Journal》에 최초로 발표되었다. 교통사고로 뇌출혈이 생겨 반혼수상태로 3년을 지낸 28세 남성이 있었다. 떨림 증상이 심해 졸피뎀 한 알을 먹였더니 15분 후에 환자가 일어나 어머니와 인사하고 간단한 말을 할 수 있었다. 그 효과는 서너 시간밖에 지속되지 않았다. 남성의 뇌에 핵의학 검사를 했더니 혈류량이 적었던 뇌 영역의 혈류량이 졸피뎀을 복용한 후 눈에 띄게 증가했다.

그 후로도 이와 유사한 의학 문헌 보고서가 많았다. 앞에서 이야기한 논문의 저자가 또 세 가지 유사한 사례를 보고했다. 환자들은 졸피뎀을 복용하고 깨어났다가 약효가 사라지면 다시 반혼수상태로 돌아갔는데, 이는 3~6년간 지속되었다.

하지만 이런 역설적 효과는 흔하지 않다. 소규모로 진행된 두 차례의 임상시험에 따르면 발생률이 각각 4.8퍼센트와 6.7퍼센트였다.

약물의 이런 역설적 효과를 이야기하는 목적은 반혼수상태인 환자에게 졸피뎀을 복용하라고 권장하려는 게 아니라, 약물에는 우리가 알고 있는 것보다 훨씬 복잡하고 다양한 측면이 있기 때문에 예상치 못한 효과나 부작용이 나타날 수 있다는 점을 상기시키려는 것이다.

> 약물 부작용은
> 개인의 체질에 따라 다르다

신약 연구 개발은 엄청난 돈과 시간이 들어가는 일이다. 실험실을 빌리고 동물실험과 1상에서 3상까지 임상시험을 실시하며 수많은 환자와 의료 인력을 동원해야 한다. 약의 효능과 허용 가능한 부작용을 입증해야만 시장에 출시할 수 있다. 물론 이런 과정을 거치더라도 졸피뎀의 경우와 같은 역설적 효과가 나타날 수 있다.

이 역설적 효과는 좋은 작용이라 다행이지만 만약 역효과가 나타난다면 어떨까?

다시 한번 말하지만 모든 약에는 부작용이 있다. 단, 100퍼센트 부작용이 나타나는 것은 아니다.

졸피뎀은 뇌세포 기능을 억제하는 GABA-IA의 오메가1 수용체에 주로 작용하며 일반적으로 안전한 수면유도제로 여겨진다. 복용하고 30분쯤 후에 약효가 나타나고 두 시간에서 네 시간 정도 약효가 유지되어 불면증이 있는 사람에게 도움이 된다. 그런데 흥분, 환각, 기면증, 두통, 현기증, 건망증, 몽유, 설사, 메스꺼움 등 설명서에 열거된 졸피뎀의 다양한 부작용을 보면 복용할 엄두가 나지 않을 것이다.

약물에 부작용이 있는지 없는지는 개인 체질에 따라 다르고 약을 복용해야만 알 수 있지만, 미리 대비할 수 있는 부작용들이 있기는 하다. '건망증'의 경우 졸피뎀을 복용한 뒤 잠들기 전에 자신이 무슨 말을 했는지, 누구와 무슨 약속을 했는지 나중에 전혀 기억나지 않을 수 있다. 따라서 졸피뎀을 복용한 후에는 다른 활동을 삼가고 즉시 잠자리에 들어야 한다.

때로는 시판되고 몇 년이 지난 후에 효과도 있고 안전하다고 여겼던 약에 심각한 부작용이 있다는 사실을 알게 되는 경우가 있다.

로페콕시브rofecoxib(상품명 바이옥스Vioxx)는 위장을 해치지 않고 사이클로옥시게나제-2 COX-2를 억제하는 소염진통제로, 1999년 출시된 후 한때 널리 사용되었다. 그러나 후속 임상시험에서 이 약물이 심혈관질환에 걸릴 확률을 높인다는 사실이 밝혀져 출시 5년 후인 2004년에 시판이 철회되었다. 따라서 새로운 약이 오래된 약보다 반드시 더 안전한 것은 아니다.

연구 개발 중인 신약의 치료 효과가 기대에 못 미쳐서 오히려 그 부작용이 부각되는 경우도 있다.

가장 유명한 예가 바로 '실데나필sildenafil(상품명 비아그라viagra)'이다. 실데나필은 포스포디에스테라제 5형PDE-5 저해제의 일종으로 1990년 초기 임상시험에서 협심증과 고혈압 치료에 쓰일 예정이었으나 치료 효과가 좋지 않았다. 예상했던 심장이 아닌 음경 해면체에서 혈관이 확장되어 많은 남성에게 발기 현상이 나타났다. 이후 임상시험을 거쳐 새로운 적응증에 사용하게 되었고, 1998년 미국에서 출시되어 세계 각국에 보급되었다.

> 약효는 개인차가 있으므로
> 공유해선 안 된다

얼마 전 친구가 물었다. "난 눈꺼풀이 떨리는 건데(안검경련) 의사는 왜 파킨슨병 치료약을 처방해주는 거야?"

이런 질문도 자주 받는다. "저는 신경통인데 의사는 왜 뇌전증 약을 처방해줄까요? 제가 뇌전증이 있는 것도 아닌데요."

약에는 대개 여러 가지 효능이 있어서 다양한 증상을 치료할 수 있다. 설명서에 약의 모든 적응증을 열거해둔 이유가 여기에 있다.

    이를 통해 약물이 얼마나 복잡한 것인지를 알 수 있다. 사람마다 나타나는 치료 효과와 부작용이 다를 뿐 아니라, 수년 후에 부작용이 드러나기도 하고 역설적 효과가 나타나기도 하니까 말이다.

    따라서 꼭 필요한 경우가 아니면 약을 복용하지 말고 궁금한 점이 있으면 반드시 의사에게 물어봐야 한다. 약이 좋다고 함부로 추천해서도 안 되지만 다른 사람과 약을 공유하는 건 더더욱 금물이다.

 ## 나이 들어도
편히 잘 수 있다

　　80세 친구가 최근 잠을 잘 못 자는데 침대에 누워 한 시간 정도를 뒤척이다 겨우 잠이 든다고 했다. 다음 날 골프를 치러 갔다가 친구들에게 잠을 못 자서 기운이 없다고 하자, 노년의 친구 네 명이 약속이나 한 듯 집에 가서 먹으라며 수면제를 꺼냈다고 한다. 친구는 약을 먹고 효과를 보기는 했는데 이러다 중독되는 건 아닌지 걱정이라고 말했다.

　물론 이런 식으로 수면제를 먹어보라며 나눠주는 건 권장하지 않지만 이 사례를 통해 '불면'으로 고생하는 노인들이 많다는 사실을 알 수 있다.

65세 이상 노인의 절반가량이
불면증을 겪는다

65세 이상 노인의 약 50퍼센트가 불면증으로 고생하고 있으며, 대부분 불면 증상이 3개월 이상 지속된 만성 불면증이다.

단기 불면증은 건강, 경제, 가정 문제, 배우자의 발병과 사망 등 대부분 유발 요인이 있다. 유발 요인이 없어지거나 개선 또는 적응되고 나면 불면 증상이 완화되거나 사라진다. 한동안 증세가 개선되지 않으면 단기적으로 수면제를 복용해 어려운 고비를 넘기는 방법을 고려해볼 수 있다.

만성 불면증은 약물 치료 이외에도 불면증 인지행동치료 cognitive behavioral therapy for insomnia, CBT-I를 받아 수면에 대한 올바른 인식을 갖추면 더 좋은 치료 효과를 기대할 수 있다.

수면제를 쓰는 것도 간단한 일이 아니다. 잠들기 어려움, 잠을 오래 못 잠, 밤에 자주 깸, 일찍 잠이 깸, 수면의 질이 나쁨 등 환자의 불면증 형태에 따라 그에 맞는 약물의 종류도 조금씩 달라진다.

수면제는 작용 메커니즘에 따라 벤조디아제핀계 약물BZDs, 비벤조디아제핀계 진정제Z-drugs, 항히스타민제, 멜라토닌 및 멜라토닌 수용체 작용제, 최신 수면제인 이중 오렉신 수용체 길항제dual orexin receptor antagonist 등으로 나뉜다. 그중에서도 자낙스Xanax(학명 알프라졸람alprazolam)와 같은 벤조디아제핀계 약물이 가장 자주 쓰인다.

모든 약물은 저마다 약효와 부작용이 있다. 예를 들어 한밤중에 일어나면 어지럽거나 정신이 몽롱해서 넘어져 다칠 수도 있고, 벤조디아제핀계 약물을 장기간 복용하면 내성이나 의존성이 생기기 쉽다. 그러므로 의사와 상의해서 약을 처방받고 추적 관찰해야 한다. 이런 이유로 나는 친구에게 먼저 정신의학과 의사에게 진료를 받아보라고 조언했다.

잠도 '나이 들' 수 있다

고령자는 만성질환으로 여러 약을 복용하는 경우가 많다. 따라서 약물 부작용(이뇨제 등)이나 전립선비대증, 야뇨증, 하지불안증후군, 주기성 사지운동장애, 폐쇄성 수면무호흡증후군 등 다른 질환으로 인해 불면증이 발생할 수 있으며, 이에 따라 적절한 치료를 해야 한다.

수면은 매우 중요하다. 우리 몸은 잠을 자는 동안 피로를 회복하고 체내 노폐물을 제거하기 때문이다. 보통은 일곱 시간에서 여덟 시간을 자야 하지만 사람마다 적정 수면 시간이 다르다. 어떤 사람은 여섯 시간만 자도 다음 날 쌩쌩한데 이는 충분한 수면을 취했다는 뜻이다.

사람마다 수면의 질에도 큰 차이가 있다. 장기간 불면증에 시달리는 사람들이 있는가 하면, 70세가 넘어서도 머리만 대면 자고 한번 잠들면 아침까지 숙면을 취해 상쾌하게 일어나는 사람도 있다.

몸의 다른 기능과 마찬가지로 수면도 노화한다. 일반적으로 노인은 바로 잠들기 어렵고, 숙면과 렘수면 시간이 감소해서 얕은 잠을 자며, 수면 시간도 짧은 편이다. 생체 시계가 앞당겨져 저녁 8, 9시에 졸리고 새벽 3, 4시에 깨서 5시면 밖에 나가 산책을 한다.

70대 친구가 그런 식으로 여섯 시간에서 여덟 시간을 자는데, 출근을 하지 않으니 컨디션이 나쁠까 봐 걱정할 필요가 없었다. 낮에 졸리다 싶으면 잠깐 자고 일어나도 문제가 없었다.

숙면을 도와주는 일곱 가지 방법

수면 문제가 있든 없든 좋은 수면 습관, 즉 '수면 위생 상식'을 기르는 게 숙면을 취하는 가장 효과적인 방법이다.

구체적인 방법은 아래와 같다.

1. 오후에 커피를 마시지 않는다(단, 개인차가 있음).
2. 매일 규칙적으로 운동하되 잠자기 세 시간 전에는 격렬한 운동을 하지 않는다.
3. 밤에 흡연이나 과도한 음주를 하지 않는다.
4. 종이에 스트레스받는 일을 적고 10분간 고민한 뒤, 그 종이를 찢어 머리를 비우고 잠자리에 든다.
5. 잠들기 한 시간 전부터 좋아하는 음악을 듣거나 가벼운 책을 읽으며 잠자리 분위기를 조성한다. 단, 조명이 너무 강하지 않게 하고 자칫 흥분할 수 있으니 정치평론 프로그램 시청은 삼가야 한다.
6. 정해진 시간에 자고 일어나는 습관을 기른다. 낮에 졸리면 낮잠을 자되 30분을 넘기지 않는다.
7. 잠잘 때나 성관계를 할 때만 침대에 눕는다. 침대에서 책을 읽거나 스마트폰, 드라마를 보거나 타이핑을 해선 안 된다.

당뇨병에 걸렸는데 약을 안 먹어도 될까?

몸매가 날씬한 60대 친구가 내게 물었다.

"아버지가 당뇨를 앓고 계세요. 저는 당뇨에 안 걸리려고 식단과 체중을 엄격하게 관리했어요. 당을 소량 섭취하고 규칙적으로 운동하면서요. 12년 동안 당화혈색소$_{HbA1c}$는 6.5퍼센트로 유지했고 공복 혈당도 125mg/dL 이내예요. 그런데 지난 두 달 동안 당화혈색소가 6.6퍼센트, 공복 혈당이 140mg/dL 이내로 수치가 살짝 올라갔어요. 슬슬 약을 복용해야 할까요? 약은 먹을수록 용량은 늘고 효과는 떨어지지 않나요? 약을 못 끊으면 신장에 안 좋은 거 아니에요?"

두 번째 질문은 대답하기 쉽다. 자주 듣는 잘못된 속설이기도 하다.

뇌전증, 고혈압, 당뇨병 등 만성질환은 병세가 심각해지거나 통제하기 어려워지면 약 용량을 늘리거나 약을 바꾸고 다른 약물을 추가하기도 한다. 병세를 치료하는 데 필요해서 그렇게 하는 것이지 약을 먹어서 그렇게 되는 것이 아니다.

약물은 대부분 신장에서 대사가 일어나기 때문에 원래 신장이 약한 사람은 복용량을 조절해야 한다. 당뇨병을 잘 관리하지 못하면 나중에 신장질환, 말초신경병증, 망막 병변 등 합병증이 생길 수 있으며 약물과 용량도 그에 맞게 조절해야 한다.

따라서 일단 약을 복용하면 용량이 늘어나 약을 끊을 수 없게 된다는 친구의 생각은 사실 원인과 결과를 거꾸로 해석한 것이다.

당뇨병은 치매 위험 인자다

당뇨병은 전 세계 유병률이 약 10퍼센트인 흔한 만성질환으로 '1형 당뇨병'과 '2형 당뇨병' 두 가지로 나뉜다.

1형 당뇨병은 청소년에게 생기는데 발병 원인은 인슐린 부족이며 일종의 자가면역질환이다. 대부분 신진대사과 의사가 장기적으로 진료한다.

2형 당뇨병은 성인에게 잘 생기며 인슐린 저항성 때문에 발생하고 전체 당뇨병의 90퍼센트를 차지한다. 내과 의사는 대부분 2형 당뇨병을 치료한 경험이 있다.

나 같은 신경내과 의사는 당뇨병을 치료한 경험이 있기는 하지만 대부분 당뇨병의 '합병증'을 본 것이다. 손발의 말초신경병증, 허혈성 뇌졸중이나 당뇨병과 관련한(당뇨병이 기저질환인) 치매, 심지어 약물 치료로 인한 저혈당증도 있다.

역학 연구에 따르면 당뇨병 환자가 뇌졸중이나 치매에 걸릴 확률은 비당뇨병 환자의 약 1.5배다. 따라서 당뇨병의 예방, 치료, 보건 교육이 매우 중요하다.

당뇨병은 '혼합형 치매'를 일으킬 수 있다

뇌졸중의 약 20퍼센트는 당뇨병과 관련이 있다.

당뇨병은 가족력, 비만, 음식, 운동 부족 등과 관련이 있으며 혈관 내피 손상을 일으키기 쉽고 만성 염증을 유발할 수 있다. 또 과도한 당분이 단백질이나 지질과 결합해 최종당화산물 AGEs 등을 생성한다. 이로 인해 뇌의 크고 작은 혈관이 딱딱하게 굳어 허혈성 뇌졸중이 발생한다.

알츠하이머병은 뇌세포가 퇴화해 생기는 치매이지만 당뇨

병과 관련된 수많은 병리생물학적 지표가 있다. 따라서 당뇨병은 알츠하이머병의 위험 인자 중 하나로 간주된다.

이 밖에 당뇨병 환자에게 허혈성 뇌졸중, 특히 뇌소혈관질환으로 인한 열공성 뇌경색이 쉽게 발생하기 때문에 당뇨병은 혈관성 치매의 위험 인자이기도 하다. 혈관성 치매는 알츠하이머병과 공존해 혼합형 치매가 될 수도 있다.

2020년 《랜싯》에 실린 한 논문은 건강한 생활 방식을 유지함으로써 전 세계 치매의 40퍼센트를 예방할 수 있다고 강조했다. 이 논문에서는 12가지 기여 위험도(위험 요인이 질병 발생에 얼마나 기여했는지 나타내는 것-옮긴이)로 치매에 미치는 영향을 보여주었다. 다시 말해 어떤 위험 인자를 제거하면 전 세계 치매 환자 비중을 줄일 수 있다는 얘기다. 그중 당뇨병이 1퍼센트이며 저학력(7퍼센트), 청력 상실(8퍼센트), 흡연(5퍼센트), 우울증(4퍼센트), 사회적 고립(4퍼센트) 등이 위험 인자에 포함된다.

당뇨병 약물은 다양하니
치료 전에 전문가와 상의한다

당뇨병 치료 약물은 선택지가 다양하다.

최근 들어 작용 메커니즘이 다른 신약들이 잇따라 출시되었다. 일부 약물은 혈당을 낮출 뿐만 아니라 체중 감량 효과도 있어서 의사가 전문성을 더욱 발휘할 수 있게 되었다. 예를 들어 글루카곤 유사 펩타이드-1(GLP-1)이나 GLP-1과 가스트린 억제 펩타이드(GIP) 수용체 이중 작용제가 있다.

경증 당뇨병이나 당뇨병 초기에는 체중 감량, 올바른 식습관, 운동 등 생활 방식을 개선해 혈당을 정상 수치로 회복할 수 있다. 그런데 앞에서 말한 친구처럼 12년간 엄격하게 관리했는데도 당뇨병 초기라면 약을 복용해야 할까? 현재로서는 확실한 결론이 없으며 이는 의사의 전문적인 관점, 환자의 생활 방식, 선호도 등 여러 요인에 따라 달라진다.

친구가 찾아간 의사는 약을 복용하라고 조언하지 않았다. 의사도 각자 전공 분야가 있기 때문에 친구의 첫 번째 질문에 나는 다른 의사의 의견을 들어보는 것도 괜찮겠다고 대답했다. 다른 당뇨병 전문의가 하는 말을 들어보고 처음 진료받은 의사와 함께 이야기를 나눠 합의점을 찾으라고 조언했다.

 ## 혼자 추측은 금물, 반드시 의사에게 진료받아야 한다

68세 여성 E 씨는 부정맥 때문에 9년간 정기적으로 심장내과 검진을 받고 추적 관찰하며 부정맥을 치료하는 약물과 항응고제를 복용했다.

최근 1년 반 동안 E 씨는 자주 숨이 막히고 친구들과 하이킹을 갈 때마다 맨 뒤로 처졌다. 계단이나 언덕을 오를 때는 숨이 심하게 가빠져서 몇 번이나 멈춰 쉬어야 했다. 그래도 숨을 크게 헐떡이는 건 아니라서 E 씨와 친구들은 대수롭지 않게 여겼다.

E 씨는 자주 피곤하고 기력이 하나도 없는 게 나이 들어 근력이 떨어졌기 때문이라고 생각했다. 친구들도 그녀가 근감소

증이고 근력이 부족해서 그렇다며 태극권을 하거나 지역에서 하는 운동 수업을 들어보라고 소개해주었다.

그녀는 꾸준히 수업을 들었지만 증상이 나아지기는커녕 오히려 갈수록 나빠졌다.

E 씨는 이런 문제들을 심장내과 의사에게 알렸다. 의사는 6개월마다 하는 채혈과 심전도 검사 결과가 정상이고 심장에 문제가 없으니 호흡기내과에서 진료를 받아보라고 했다.

호흡기내과 의사에게 폐기능 검사를 받았지만 결과는 정상이었다. 그런데 일반적인 혈액 검사에서 빈혈이 발견되었다. E 씨의 헤모글로빈 수치는 8.3g/dL(정상 수치는 12~16g/dL)에 불과했고 의사는 혈액내과 진료를 받게 했다.

혈액내과에서 정밀한 혈액 검사를 받았는데 알고 보니 '철결핍성 빈혈'이었다. 그제야 밝혀진 진실을 바탕으로 의사는 E 씨에게 철분제를 처방했다. 2주 후 헤모글로빈 수치는 9.5g/dL까지 올라갔고 증상도 꾸준히 개선되었다.

'철결핍성 빈혈'은 가장 흔한 빈혈이다

철결핍성 빈혈은 가장 흔한 빈혈로 부족한 철분 섭취, 영양실조, 만성적인 위장관 출혈 등이 원인이다.

그런데 E 씨는 정상적으로 음식을 섭취해 영양 상태도 좋고 돼지 간도 자주 먹었으며 만성적인 위장 출혈도 없었다. 해마다 하는 대변 잠혈 검사 결과도 음성이었는데 왜 철분이 부족할까? 병의 원인을 찾아달라고 의사에게 도움을 요청할 수밖에 없었다.

E 씨는 이해가 되지 않았다. 6개월마다 하는 채혈 검사 결과도 정상이지 않았는가? 그런데 그건 혈당, 콜레스테롤 수치 등 생화학적 지표를 검사하는 것이었다. 지난번 헤모글로빈 수치 검사가 2년 반 전이었는데 당시 수치는 13.1g/dL로 정상이었다.

E 씨의 사례를 통해 명확하고 단순해 보이는 질병이라도 생각처럼 쉽게 진단해낼 수 있는 게 아니라는 사실을 알 수 있다.

E 씨와 친구들은 신문과 잡지에서 의학 관련 기사를 자주 읽어 의학에 아주 문외한은 아니었다. 그런데 다들 하나같이 E 씨가 근력이 부족하니 운동을 많이 해서 근력을 키워야 한다고 생각했다. 그 결과 운동할 때 심장은 빈혈 때문에 온몸의 세포 조직에 필요한 산소를 공급하기 위해 혈액을 더 열심히 퍼올려야 했고, 오히려 더 피곤해졌던 것이다.

게다가 E 씨 얼굴에는 병색이 보이지 않아서 심리적 요인 때문이라고 생각한 친구도 있었다.

따라서 증상이 있으면 의사에게 진찰을 받아야지, 혼자 함부로 억측해서는 안 된다. 또 남을 대신해 진단을 내리는 건 더더욱 해선 안 되는 일이다.

만약 빈혈이라고 생각하고 보면, 숨이 가쁘고 쉽게 지치며 걸음이 느리고 기력이 없는 게 빈혈 증상이니까 쉽게 진단할 수 있을 것 같지 않은가?

하지만 이는 결과를 보고 이유를 끼워 맞추는 사후 확증 편향이나 다름없다. 실제로 이런 증상들은 특이성이 없으며 심장질환, 폐질환, 신장질환, 빈혈, 신경근질환, 말기 질환의 영양실조 등 수많은 질병에서 나타난다. 따라서 의사의 임상 판단으로 정확한 검사를 선택해야 올바른 치료를 할 수 있다.

병원은 정교하게 분과해 서로 지원한다

의약이 빠르게 발전하고 첨단 의료가 성장을 거듭하면서 대형 병원의 분과分科는 날로 세분화되었다. 또 과가 다르면 서로 잘 모른다고 해도 과언이 아닐 만큼 의사는 더욱 전문성을 띠게 되었다. 내과만 해도 기관에 따라 심장내과, 호흡기내과, 소화기내과, 신경내과 등 여러 과가 있고 심장내과의 경우 또 부정맥, 심부전, 심장판막증 등 특화된 진료과가 따로 존재한다. 선택지가 많아서 환자들이 어느 과를 찾아야 할지 혼란을 겪기도 하고 여러 과를 전전해야 할 때도 있다.

그런데 다른 각도에서 생각해보면 어떤 병에 걸렸다고 해서 다른 병은 걸리지 않는다는 보장이 없다. 대형 병원에 있는 여러 과가 서로 부족한 부분을 채워주고 지원하는 이유가 바로 여기에 있으며 결과적으로는 환자에게 이로운 시스템이다. 다만 환자들이 E 씨처럼 인내심을 가지고 협조하느냐가 문제다.

40년 전 신경내과에 뇌전증, 이상 운동증, 신경근질환 등 하위 진료과가 생기기 시작할 때 한 선생님이 의미심장하게 말했다. "그래도 우리는 여전히 큰 그림을 볼 줄 알아야 하는 신경내과 의사다. 각 전문 분야의 질환에 대해 섭렵하는 것도 중요하지만 가장 중요한 건 흔한 신경질환을 이해하는 거야. 그래야 일반 환자들에게 도움을 줄 수 있거든."

40년이 지난 지금도 이 말은 여전히 유효하며 다른 과에도 동일하게 적용된다.

환자가 입원하면 의사는 일반적인 검사를 진행한다. 그중 하나가 바로 혈액 내 적혈구, 백혈구, 헤모글로빈, 혈소판 양을 측정하는 것이다. 이로써 단순해 보이는 중요한 정보를 놓치지 않는다.

E 씨에게는 일반 혈액 검사가 큰 도움이 되었다고 할 수 있다.

 ## 요통이 낫질 않는데 수술해야 할까?

 친구가 친척 중에 나이가 70세이고 1, 2년 정도 요통으로 고생하는 사람이 있는데 상태가 좋았다가 나빴다가 하고 좀 쉬고 나면 괜찮아진다고 말했다. 그 친척은 왼쪽 종아리가 살짝 당기고 발끝으로 걸을 수가 없고, 의사는 요추질환이 요추신경을 압박해서 그런 것 같다며 수술을 권했다. 그런데 그는 당뇨병이 있어서 복용 중인 항응고제를 수술 전에 며칠간 중단해야 했다. 그래서 약을 중단하면 혹시 몸에 문제가 생기지 않을까 걱정스러운 마음에 내게 조언을 구한 것이다.

 거의 모든 사람이 요통을 경험한 적이 있고 나이가 들수록 잦아진다.

요통은 기간에 따라 급성(6주 미만), 아급성(6~12주), 만성(12주 이상)으로 나뉜다. 또한 주변 조직, 신경과 척수 손상이 통증을 일으키는 상황에 따라 비특이성 통증 non-specific pain, 침해수용성 통증 nociceptive pain, 신경병증성 통증 neuropathic pain의 세 가지 유형으로 나뉜다.

사람의 다섯 개 요추와 요추 아래 천골은 서로 연결되어 있으며, 추골 사이에 외부의 압력을 견디고 완화하는 추간판이 있다. 상하 요추는 후관절로 연결되어 있고 요추 주위에는 인대와 근육들이 있다. 이런 복잡한 조직이 손상되거나 잡아당겨지면 요통이 발생한다.

1 | 비특이성 통증

가장 흔한 증상으로 전체 요통의 약 80~90퍼센트를 차지한다. 대부분 무거운 물건을 들어 올리는 등 과도한 허리 사용, 비만, 오래 앉아 있기, 장시간 걷기나 운전, 잘못된 자세 등으로 요추와 주변 조직이 잡아당겨지거나 짓눌려서 생긴다.

온찜질, 가벼운 허리 마사지를 하거나 비스테로이드성 소염진통제와 근이완제를 복용하면 증상이 완화된다.

하지만 무거운 물건을 자주 옮겨야 하는 근로자, 장시간 서 있어야 하는 판매원, 외과 의사, 환자를 옮겨야 하는 의료진 등 생활 방식을 개선하기 힘든 사람들은 급성 요통이 만성화되어 일상생활과 업무에 지장을 줄 수 있다.

2 | 침해수용성 통증

요통과 함께 발열, 체중 감소 등의 증상이 나타나거나 장기간 스테로이드를 복용한 경우에는 요추나 그 주변 조직에 감염, 암, 압박 골절 등이 생긴 건 아닌지 고려해 그에 따른 치료를 해야 한다.

수년 전 요통을 앓던 청년이 결핵성 척추염 진단을 받았는데 외과 배액술과 항결핵 약물 치료를 받고 완치되었다. 또 고함을 지를 정도로 허리 통증이 심했던 중년 여성이 있었다. 신경 검사 결과는 정상이었으나 허리에 누름 통증이 있어서 입원 후 검사해보니 간암이 요추로 전이된 것으로 밝혀졌다.

3 | 신경병증성 통증

사람의 척주脊柱 중심에는 척수를 수용하는 내강이

있다. 척수는 경추의 추간공을 통해 신경근으로 보내져 여러 감각신경과 운동신경으로 갈라진다. 이를 통해 몸통, 손발의 근육과 피부가 감각을 느끼고 자유자재로 움직일 수 있다.

요추 추간판(디스크)은 외부의 힘을 받거나 퇴화하면 튀어나와 옆에 있는 신경근을 누르면서 신경통을 유발하는데, 좌골신경통이 가장 흔하다.

척추체는 외부의 힘을 받거나 퇴화하면 앞으로 미끄러져 나온다. 여기에 인대 비대, 후관절 퇴화 등이 더해지면 척추관협착증이 일어나 '신경성 간헐적 파행'이 나타난다. 조금 걸었는데 두 다리에 통증과 저림이나 힘이 없는 증상이 나타나면 휴식을 취해야 회복할 수 있다. 치료 방법은 생활 습관 개선, 재활, 비스테로이드성 소염진통제를 최소 3개월간 복용하는 것인데, 그래도 효과가 없다면 수술을 고려해야 한다.

추간판탈출증(허리 디스크)을 치료하는 척추신경감압술은 간단하지만 척추관협착증 수술은 꽤 복잡하다. 혁신적인 수술 방식과 의료 기기가 끊임없이 등장하고 있으며, 정형외과나 신경외과 의사의 전문성과 선호도에 따라 달라질 수 있다. 게다가 수술의 주된 목적은 증상이 계속 나빠지지 않도록 방지하는 것인데, 만약 신경이 너무 오래 압박을 받아 이미 손상을 입은 상태라면 완전히 회복한다는 보장이 없다.

만성 통증 환자는
수술을 신중하게 결정해야 한다

사실 통증은 주관적이라 객관적인 조직, 신경 손상 등 생물학적 요인 이외에 사회 문화, 심리, 인지, 생활, 일, 환경, 개인적인 기대 등에 영향을 받기도 한다.

예를 들어 나는 2년여 전에 요추 3, 4, 5번 척추전방전위증으로 척추관협착증이 생겨 신경성 간헐적 파행이 나타났다. 3개월간 재활하고 약물 치료를 병행했지만 6분만 걸어도 몇 분씩 꼭 쉬어야 계속 걸을 수 있을 정도로 심각한 상태였다. 나의 독립적이고 주체적인 독거 생활의 질을 크게 위협하는 수준이었다.

나는 만성질환이 없었기 때문에 요추신경감압술, 금속 내고정술, 사측방(옆구리 접근) 최소침습 척추유합술을 받기로 했다. 수술을 성공적으로 마쳐 지금은 여기저기 잘 돌아다닌다.

처음에 언급했던 친구의 질문으로 돌아가면, 나는 환자에게 직접 증상을 들은 것도 아니고 환자를 보지도 못했기 때문에 환자의 신경 손상 여부와 병세의 심각성을 알 수 없다고 말했다. 친구가 척추 MRI 사진을 몇 장 보내왔지만 전반적인 평가 내용이 부족해 의견을 제시할 수 없었다.

나는 어쩔 수 없이 친구에게 정 걱정된다면 주치의와 직접 상의하고 필요하면 다른 의사의 의견도 들어보라고 조언했다.

만약 환자가 활동적으로 생활하는 사람이 아니고 가족의 돌봄을 받고 있으며, 만성질환으로 약을 복용하거나 상처 회복을 걱정하는 경우에는 수술을 신중하게 결정해야 한다.

 ## 뇌에 '백질이영양증'이 나타나면 중풍일까?

두 친구가 자비로 프리미엄 건강 검진을 받은 후 나에게 뇌 MRI 결과를 보내주며 의견을 구했다.

언제나 활동적인 F 씨는 80세 여성으로 3대 성인병이나 치매가 없는데 '뇌에 백질이영양증이 있다'는 결과를 듣고 내게 물었다. "이게 대체 무슨 말이야? 약을 먹어야 하나?"

G 씨는 60세 남성으로 고혈압이 있어서 규칙적으로 약을 복용하지만 중풍은 걸린 적이 없다. 그런데 MRI에서 '백질이영양증'이 보였고 열공성 뇌경색도 있었다. 그가 물었다. "이거 중풍이에요?"

무시하면 안 되는 '뇌소혈관질환'

사람의 뇌혈류에는 '전방 순환'과 '후방 순환'이 있다.

전방 순환은 양측 내경동맥에서 시작하며 중뇌동맥와 전뇌동맥으로 분리된다.

후방 순환은 좌우 양측 척추동맥이 합쳐져 뇌저동맥을 형성했다가 후뇌동맥으로 갈라진다.

전방 순환과 후방 순환은 대뇌 저부에서 이어져 완전한 동맥 고리를 형성한다. 이런 대동맥들이 수많은 소동맥으로 갈라져 뇌로 들어가 세소동맥이 되어 뇌혈류를 공급한다.

세소동맥은 마지막에 모세혈관과 정맥으로 연결되고 뉴런, 각종 신경교세포와 '혈관-신경교세포-뉴런'이라는 기능적 단위를 형성해 뉴런과 신경전도 활동을 유지한다.

뇌동맥 폐색(뇌에 혈액을 공급하는 동맥이 막히는 것-옮긴이)이면 뇌경색이 생기는데 흔히 사지무력증(마비), 안면신경마비나 실어증 같은 증상이 나타난다. 만약 여러 번 중풍이 재발한다면 혈관성 치매로 이어질 수 있다.

따라서 '동맥 폐색'은 줄곧 뇌졸중 예방 치료의 핵심이었다.

그런데 최근 들어 MRI 기술이 날로 발전하면서 해상도가 좋아져 뇌소혈관질환의 중요성이 수면 위로 떠오르고 있다.

게다가 뇌소혈관질환은 알츠하이머병의 뇌병변과 동시에 존재해 환자의 치매를 악화시킬 수 있다.

뇌소혈관질환은 MRI에서 '허혈성 뇌혈관질환lacunar infarction', '백질 과집중white matter hyperintensities', '뇌 미세출혈', '뇌위축증' 등으로 나타난다. 뇌손상의 국소 증상이 나타나는 것 외에 신경전도 기능에도 영향을 준다. 경미할 때는 무증상이거나 알아채지 못할 수 있지만, 상태가 심각한 경우에는 행동이 느려지고 걷는 게 힘들어지며(종종걸음 등) 치매, 정서 장애 등으로 이어질 수 있다.

'잠복 중풍'은 발견하기 어렵다

일찍이 1838년 환자의 뇌를 해부한 한 학자가 세소동맥 혈관벽에 지방초자체변성lipohyalinosis이 나타나 혈관벽이 두꺼워지면서 혈관 내강이 좁아지고 열공성 뇌경색을 초래한다는 것을 알게 되었다. 그뿐만 아니라 이것이 고혈압, 노화와도 관련이 있다는 사실을 발견했다.

'열공성 뇌경색'은 모든 허혈성 뇌졸중의 약 25퍼센트를 차지할 만큼 흔하고 특히 중국인에게서 많이 발생하는데, 증상이 뚜렷하지 않을 때가 많아 '잠복 중풍'이라고 불리기도 한다.

그런데 열공성 뇌경색이 특수 부위에 발생하는 경우, 예를 들어 시상에서 발생하면 가까운 시일 내에 기억력이 감퇴한다. 또 내포internal capsule의 신경섬유에서 발생하면 한쪽 팔다리에 힘이 없어지지만 감각은 정상이다. 이때는 비교적 쉽게 눈에 띄어 병원에 가서 진료를 받을 수 있다.

'인지 예금'을 많이 모아서
백질이영양증에서 멀어지자

백질이영양증은 노인에게 흔히 나타나는데 대개 측뇌실 가장자리부터 점차 넓어진다. 일반적으로 면적이 클수록 증상이 심각해진다. 하지만 예외도 있다. 백질이영양증이 분명한데 증상이 없는 사람들은 '뇌 예금'이나 '인지 예금'이 넉넉한 것과 관련이 있을지 모른다.

뇌소혈관질환의 치료와 예방은 고혈압, 당뇨병, 고지혈증 등 위험 인자 치료를 비롯해 일반적인 뇌졸중의 치료 및 예방법을 따른다.

그런데 증상이 있는지 없는지, 얼마나 심각한지는 여러 요인에 영향을 받는다. 그 요인에는 질환의 종류, 부위, 범위, 알츠하이머병 동시 발병 여부, 특히 '뇌 예금'이나 '인지 예금'의 유무 등이 포함된다.

'뇌 예금'은 타고난 뇌 용적이 크고 뇌세포와 시냅스가 많은 것을 의미한다. '인지 예금'은 후천적인 교육 수준, 활발한 두뇌 활동 등의 지적 활동, 운동, 양질의 수면, 사교 활동 등 건강한 생활 방식을 가리킨다.

나는 F 씨에게 인지 예금이 충분하니 걱정할 필요는 없지만 신경과 의사에게 진료를 받아 상황을 면밀하게 살펴보면 좋겠다고 말했다.

G 씨에게는 열공성 뇌경색이 중풍의 일종이지만 현재 혈압 강하제를 복용 중이라 다행이라고 말했다. 또한 중풍을 예방하기 위해 항혈소판제 및 항응고제를 복용해야 할지에 관해 의사와 상의해보기를 권했다.

 # 갑작스러운 망상과 환각 증상은 뇌졸중의 징조일까?

65세 여성 H 씨는 최근 2주간 이상 행동을 보였다. 그녀는 누군가 계속 자신을 미행하고 해치려 한다고 느꼈다. 또 밤에는 침대에 나무 막대기가 가로놓여 있어서 침대에서 잘 엄두가 나지 않고 기분이 처진다고 했다. 그녀는 기억력이 눈에 띄게 떨어져 친구나 타지에 있는 아들에게 몇 번이고 전화를 걸었다. 왼쪽 손발이 살짝 저린 것 외에는 움직임도 자유롭고 또박또박 말하며 의사 전달에도 문제가 없었다.

H 씨는 자립적으로 생활해왔고 오랫동안 고혈압으로 약을 복용하며 조절하고 있었지만 정신질환 병력은 없었다.

의사는 아들과 함께 신경내과 진료를 받으러 온 H 씨에게서 좌측 시야 결손(좌측 동측 반맹)을 발견하고 뇌 MRI 검사를 준비했다.

역시나 우측 대뇌 측두엽, 두정엽, 후두엽에 큼직하게 허혈성 뇌졸중 병변이 있었다.

우측 후두엽 병변은 H 씨의 좌측 동측 반맹을, 측두엽 병변은 근래 기억력 감퇴를 초래했고 두정엽 병변은 좌측 손발 저림과 관련이 있었다. 피해망상(누군가 자신을 해치려고 한다는 생각)과 환각(침대에 존재하지 않는 나무 막대기를 보는 것) 등 정신행동증상은 이와 관련해 뇌에 명확하게 정해진 부위가 없다.

자기공명혈관조영술MRA 결과 H 씨에게 우측 후대뇌동맥 색전증으로 인한 중풍이 보였다. 항정신병약을 복용한 후 H 씨의 정신행동증상은 눈에 띄게 개선되었다.

중풍의 증상은 손상된 부위에 따라 달라진다. H 씨의 중풍 부위는 전두엽의 운동 기능 담당 영역이나 신경섬유가 지나가는 영역이 아니라서 사람들이 알고 있는 편마비나 안면신경마비 등 중풍의 흔한 증상들이 나타나지 않은 것이다.

또 H 씨는 언어 능력을 관장하는 좌뇌 전두엽이나 측두엽에 중풍이 발생한 게 아니기 때문에 실어증 같은 의사소통 장애가 없었다.

그리고 좌측 동측 반맹이 있었지만 고개를 왼쪽으로 돌리면 볼 수 있었기 때문에 눈치채지 못했고 중풍이라고 생각하지 않았다.

만약 신경과 의사가 자세한 검사를 통해 좌측 동측 반맹을 발견하지 못했다면 뇌졸중을 진단하지 못하고 정신질환이나 정서적 질환으로 오인했을 가능성이 크다.

'쓸 수는 있지만 읽지 못하는 것'은
어찌 된 일일까?

사람의 뇌에 혈액을 공급하는 일은 중대뇌동맥과 전대뇌동맥을 통한 전방 순환에서 4분의 3을 담당하고, 후대뇌동맥을 통한 후방 순환이 4분의 1을 담당한다.

후대뇌동맥 폐색으로 나타나는 증상은 매우 다양하며 영향을 받는 부위, 좌측인지 우측인지에 따라 차이가 있다.

수년 전 한 노인이 아침에 일어나 신문을 보는데 신문 지면이 절반밖에 보이지 않았다. 신문을 읽어도 무슨 내용인지 알 수 없어 노인은 세상이 하루아침에 달라진 줄로만 알았다. 다행히 아들과 함께 병원에 가서 우측 후대뇌동맥 폐색으로 인한 좌측 동측 반맹을 발견했다.

가장 기억에 남는 사례는 30년 전쯤 대만이 중국 대륙에 가서 가족을 만날 수 있도록 허용한 지 얼마 안 되었을 때의 일이다. 한 노인이 중국에 있는 가족에게 편지를 썼는데 자기가 쓴 내용을 이해하지 못해 괴로워했다.

진료 결과, '쓸 수는 있지만 읽지 못하는' 전형적이지만 보기 드문 증상이었다. 좌측 후대뇌동맥 색전증이 좌측 후두엽과 뇌량 후단에 중풍을 일으킨 것이다.

좌뇌와 우뇌를 연결하는 뇌량의 후단에 병변이 나타나면 우측 시야에 보이는 글자가 좌측에 있는 언어 중추로 전달되지 않아 글을 읽을 수 없다. 이는 '단절 증후군 disconnection syndrome'의 일종이다.

'신경 증상'과 '정신병적 증상'은 동시에 나타날 수 있다

중풍에 걸리면 지체 장애가 생기거나 거동이 불편해지는 것 외에도 환자의 약 3분의 1에서 우울증, 조급증, 정서 불안, 망상, 환각 등 정서적, 정신적 문제가 나타난다.

중풍 환자의 5퍼센트 정도는 망상과 환각 등 정신병적 증상을 보인다. 하지만 그게 H 씨처럼 중풍의 최초 증상이나 유일한 증상으로 나타나는 경우는 거의 없고, 의학 문헌에서도 관련 사례는 드문드문 보고될 뿐이다.

예를 들어 2019년 《미국 응급의학 저널The American Journal of Emergency Medicine》에 발표된 논문에서는 온몸이 간지럽고 수많은 자잘한 곤충들이 자신의 몸과 머리카락을 기어 다니는 걸 봤다는 62세 여성의 사례를 소개했다. 환자는 곤충들 사진을 찍어서 의사에게 보여주었지만 의사 눈에는 아무것도 보이지 않았고, MRI 검사를 했더니 우측 후두엽에서 허혈성 뇌졸중이 발견되었다.

뇌졸중으로 인한 정신병적 증상은 보통 우뇌 병변에서 발생한다. 우외측 전두엽과 그 신경전도와 관련이 있다고 생각하는 학자가 있지만 정론은 없다. H 씨 사례와 곤충 환각을 본 사례는 둘 다 전두엽에서 병변이 발생하지 않았다.

'신경학'과 '정신학'은 원래 밀접한 관련이 있어서 중풍, 신경퇴행성질환(알츠하이머병, 파킨슨병 등), 자가면역뇌염 등 신경 증상과 정신병적 증상이 동시에 나타나는 질환이 적지 않다.

따라서 정신질환이 없는 사람, 특히 노인에게 갑자기 혹은 며칠 이내에 정신병적 증상이 나타나면 일단 신경질환의 가능성부터 살펴봐야 한다.

# 자칫 놓치기 쉬운 '후방 순환 뇌졸중'

73세 I 씨는 새벽에 일어나는데 왼쪽 팔뚝이 저려 휴대폰을 들기가 불편했다. 그는 당뇨병, 고혈압, 고지혈증, 심혈관계 질환을 앓고 있으며 관상동맥 스텐트 삽입술도 받았다.

오후 3시에 가족들이 I 씨를 응급실로 데려갔다. 3대 성인병과 관상동맥 병력이 있는 데다 왼쪽 팔뚝까지 저려서 의사는 급성 심근경색증을 우려했다. 흉부 X선 검사를 받고 채혈로 심근효소 수치 등을 검사했는데 결과는 모두 정상이었다. 다만 심전도 검사 결과 진구성 심근경색이 나타나서 의사는 귀가 후 경과를 지켜보게 했다.

이튿날 가족은 I 씨의 걸음이 불안정한 걸 보고 다시 응급실을 찾았다. 의사는 I 씨에게 좌측 동측 반맹이 있는 걸 발견했다. 걸을 때 왼쪽에 있는 물건들에 잘 부딪쳤고 반드시 고개를 왼쪽으로 돌려야만 휴대폰 전체를 볼 수 있어서 자유자재로 휴대폰을 사용하기가 어려웠다.

뇌 CT를 통해 우측 후두엽과 내측 측두엽에서 허혈성 뇌졸중을 발견했다.

MRI 검사에서는 뇌졸중 외에도 우측 후대뇌동맥으로 들어가는 부분이 협착된 것을 알아냈다. 따라서 동맥경화로 인한 혈관 협착으로 허혈성 뇌졸중이 발생했다는 진단을 받았다.

I 씨는 입원 후 항혈소판제와 항응고제를 복용하고 병세가 가라앉았다. 퇴원 후에는 계속 외래 진료를 통해 추적 관찰했다. 첫날 중풍 진단을 받지 않았다는 사실이 병세나 예후에 영향을 주지는 않았지만, 그 발병 과정과 진단 과정은 의사와 환자 모두가 참고할 만하다.

1 | 후방 순환 뇌졸중은 발견하기가 쉽지 않다

앞에서 언급했듯이 사람의 뇌혈류는 전방 순환계와 후방 순환계로 나뉜다.

전방 순환은 양측 내경동맥에서 시작해 전대뇌동맥과 중대뇌동맥으로 나뉘어 전뇌 대부분에 혈류를 공급한다. 만약 중풍이면 편마비, 안면신경마비, 실어증 등 일반적으로 잘 알려진 증상들이 나타난다.

후방 순환은 양측 척추동맥에서 시작해 두개강 내로 들어가서 기저동맥으로 합쳐진다. 양측 후대뇌동맥과 세 개의 소뇌동맥으로 갈라져 후뇌(후두엽, 시상)와 소뇌에 혈액을 공급할 뿐만 아니라 뇌간까지 수많은 소혈관으로 분지하는데 그 과정이 매우 복잡하다.

후방 순환 뇌졸중은 전체 허혈성 뇌졸중의 약 20퍼센트를 차지하며 뇌졸중 부위에 따라 증상이 조금씩 다르다. 물론 사지마비와 사지무력처럼 대표적인 뇌졸중 증상도 있기는 하다. 그런데 평소에 알아차리기 어려운 반맹, 복시(한 물체가 두 개로 보이거나 그림자가 져서 이중으로 보이는 증상—옮긴이), 시야 흐림, 굼뜬 반응, 어눌한 말씨, 실조증(신경계의 퇴행성 질환으로 술에 취한 것처럼 말투가 불명확하거나 넘어지는 등의 증상으로 나타난다—옮긴이), 불안정한 걸음 등의 증상이 대부분이다. 게다가 어지럼증, 구역질, 구토 등 비특이적 증상도 있어서 뇌졸중을 떠올리기가 쉽지 않다.

미국 예일대학교 의과대학이 2016년 3월 《스트로크》에 발표한 논문에 따르면, 허혈성 뇌졸중 환자 465명의 진료 기록을 살펴본 결과 처음에 응급실에서 병을 제대로 진단받지 못한 사례가 전방 순환 뇌졸중은 16퍼센트인 반면 후방 순환 뇌졸중은 37퍼센트에 달했다.

2 | 'BE-FAST'를 구호처럼 외워 진단율을 높인다

뇌졸중인지 아닌지 빠르게 평가할 수 있는 'FAST'가 있다. '미소, 손 높이 들기, 말해보기, 서두르기Face, Arm, Speech, Time'의 영문 머리글자를 따서 만든 것이다. 실용적이긴 해도 이것만으로는 후방 순환 뇌졸중 증상을 검사하기는 쉽지 않다.

그래서 학자들이 여기에다 'BE', 즉 '균형, 눈Balance, Eyes'이라는 두 가지 항목을 추가하자고 제안했다. 환자의 균형감각, 걸음, 시야, 안구 운동 등을 주의 깊게 살펴야 한다는 것이다.

3 | '프레이밍 효과'와 '앵커링 효과'로 인한 인지 오류

임상 의사로서 성장하려면 빠른 사고와 느린 사고가 모두 필요하다. 응급실에 오는 환자들은 대부분 위급한 상태라 정보가 불명확한 상황에서 의사가 의학적 지식과 경험에 근거해 빠르게 판단하고 즉각적으로 처치해야 한다. 그래서 정보가 보여주는 '프레이밍 효과'나 '앵커링 anchoring 효과(처음 받은 인상이나 정보에 기반해 결론을 내리는 것)'의 영향을 받을 수 있다. 예를 들어 관상동맥질환 병력이 있는 사람인데 왼팔이 자주 저린다면 응급 치료가 필요한 심근경색을 떠올리고 다른 가능성은 생각하지 못할 수 있다.

4 | '추적 관찰'이 매우 중요하다

병세가 호전되지 않거나 나빠진다면 반드시 의사에게 재진단을 받아야 한다. 의사도 프레이밍 효과에서 벗어나 새로운 실마리를 찾아 그에 맞게 치료해야 한다.

 ## 자가면역뇌염,
드물지만 치료할 수 있는 질환

한 달 전부터 30세 J 씨에게 이상 행동들이 나타났다. 예를 들어 존재하지도 않는 뱀, 쥐 등이 보여서 무섭다고 방구석에 숨는 거였다.

2주 전에 J 씨는 수차례 뇌전증 발작을 일으켜 병원 응급실에 실려가 입원 치료를 받았다. 항뇌전증 약물을 처방받은 후로는 더 이상 발작을 일으키지 않았다.

J 씨의 뇌 MRI 결과는 정상이었지만 뇌파 검사에서 세타파와 델타파 같은 서파 slow wave 가 나타났다. 뇌척수액 검사에서는 백혈구 수치가 살짝 높고 단백질 수치는 유난히 높았으며 포도당 수치는 정상이었다.

정확한 병의 원인을 찾아낼 수 없었지만 단순 포진성 뇌염의 가능성을 배제할 수 없고, 이런 뇌염은 약물로 치료할 수 있다는 점을 고려해 일단 6일간 항바이러스제를 정맥 주사로 투여했다. 하지만 효과가 없었다. 게다가 불안정한 걸음걸이, 정신 혼란, 멀뚱거리는 표정이 나타나고 의미 없는 소리만 낼 뿐 말을 하지 못했다.

두 번째 뇌척수액 검사 수치는 정상이었지만 뇌척수액과 혈액으로 자가면역뇌염 항체를 검사한 결과 NMDA 수용체 항체가 발견되어 NMDA 수용체 '자가면역뇌염' 확진 판정을 받았다.

그래서 5일간 스테로이드 정맥 주사를 투여하는 펄스pulse 요법을 시행했으나 역시 별다른 차도가 없었다.

J 씨는 다섯 번에 걸쳐 혈장교환 요법을 받고 나서야 증세가 눈에 띄게 호전되었고 정신도 갈수록 또렷해져 사람들과 대화를 나눌 수 있게 되었다.

'자가면역뇌염'이란 무엇인가?

자가면역뇌염은 환자의 면역 시스템에 자신의 뇌 신경세포를 공격하는 항체가 생겨 유발되는 뇌염이다. 뇌전증

발작, 기억력과 인지 기능의 급속한 저하, 초조, 우울, 환각 등 정신병적 증상이 주로 나타난다.

하지만 모든 증상이 전부 다 나타나는 것이 아니며 이런 증상들이 생기는 질환은 수없이 많기 때문에 진단하기가 쉽지 않다.

자가면역뇌염은 드물어서 최근 15년간 뒤늦게 주목을 받고 있다.

항체는 두 종류로 나뉜다. 하나는 '신경세포 내부'의 항원을 공격하는 항체인데, 보통 다른 신체 기관 암, 특히 부인과 암과 병발併發하며 치료 효과가 떨어지는 편이다.

다른 하나는 '신경세포막 표면'의 항원을 공격하는 항체로 NMDAR와 LGI1이라는 두 가지 항원이 가장 흔하다. 해마이랑과 측두엽 등 대뇌변연계에 잘 발생하기 때문에 '변연계 뇌염'으로 부르기도 한다. 다른 신체 기관 암과 병발하는 경우가 드물며 스테로이드, 혈장교환 요법, 면역글로불린 정맥 주사 투여 등 세 가지 치료법에 대한 반응이 좋다. 또한 일찍 치료할수록 효과가 좋다.

이 세 가지 치료는 항염증과 항면역 효과가 있지만 작용 메커니즘, 투여 방식, 치료 효과, 부작용, 건강보험 적용 여부, 치료비가 조금씩 다르다. 게다가 환자마다 이 세 치료법에 대해 다른 반응을 보인다. 스테로이드의 효과가 좋은 사람이 있는가 하면 J 씨처럼 스테로이드는 효과가 없어서 혈장교환 요법으로 치료해야 하는 사람도 있다.

의사들은 보통 가장 먼저 스테로이드 정맥 주사를 투여하고 효과가 없으면 신장내과 의사와 협진해 혈장교환 요법을 시행한다. 그래도 효과가 없으면 값비싼 면역글로불린을 주사한다. 만약에 그래도 효과가 없는 경우에는 2차 요법으로 기타 항면역 약물을 고려한다.

'신경계의 3대 보물'을 잘 활용해
일찍 치료할수록 효과가 좋다

사실 다발성 경화증, 급성 횡단성 척수염 등 뇌의 면역질환은 일찍부터 존재했다. 급성 염증성 탈수초성 다발성 신경병증, 만성 염증성 탈수초성 다발성 신경병증 등 말초신경계 면역질환도 적지 않다. 따라서 신경과 의사들에게 자가면역질환 치료는 낯설지 않다.

최근 들어 각종 항체 검사가 갈수록 정확해지고 의사들도 경각심을 높이면서 원래는 진단하기 힘들었던 자가면역뇌염도 확진할 수 있게 되었다. 스테로이드, 혈장교환 요법, 면역글로불린 치료는 환자에게도 도움을 주지만 의사에게도 성취감을 안겨준다. 일부 의사들이 이 세 치료법을 '신경계의 3대 보물'이라고 부르는 것도 과언이 아니다.

물론 손에 쥔 '전가의 보도'는 반드시 신중하게 사용해야 한다. 치료 효과를 거둘 수도 있지만 부작용도 주의해야 한다.

 건강하게 생활하려면
몸의 면역력을 강화해야 한다

　　코로나19는 전 세계에 엄청난 영향을 끼쳤다. 팬데믹을 거치면서 우리는 무엇을 배웠는가?

　엄밀히 따져보면 신종 코로나바이러스에 접촉한 모든 사람이 감염된 건 아니었다. 코로나19에 걸려도 무증상인 사람이 약 25퍼센트였고 나머지는 경증, 중증, 호흡부전을 경험했으며 사망률은 약 2~3.4퍼센트였다. 병에 걸리고 안 걸리고는 개인(숙주), 바이러스, 환경 이 세 가지 요소와 밀접한 관련이 있기 때문이다.

　'바이러스'에 대해 말하자면, 코로나19의 발병 원인은 신종 코로나바이러스SARS-CoV-2이며, 이는 RNA 바이러스로서 매우 불안정하고 변이가 쉽게 일어나 사람이 통제할 수 없다.

'환경'과 관련해서는, 우리가 옷차림과 주변 환경을 청결하게 유지하고 알코올로 자주 손을 소독하며 사회적 거리를 유지하고 사람이 많은 곳은 피한다 해도 막으려야 막을 수 없을 때가 있다.

그렇다면 '개인(숙주)'은 어떨까? 크게 두 가지로 나눠 살펴볼 수 있다.

> '기저질환'이 있는 고령자는
> 특히 조심해야 한다

첫 번째는 유전자, 성별, 나이, 만성질환의 영향 등 본래 지니고 있던 특성이다.

나라마다 코로나19 감염률과 사망률에 차이가 있는데, 이것이 인종이나 어떤 유전자의 다형성과 관련이 있을지도 모른다고 추론하는 학자가 있지만 아직 확실한 결론은 없다.

신종 코로나바이러스는 인체 세포막의 안지오텐신전환효소2^{ACE2} 수용체와 결합해야만 세포 내부로 침입할 수 있다. '남녀는 평등하지만 의료에서는 남녀 차이가 있다'에서 언급했듯이, 남성이 여성보다 ACE2 수용체가 더 많아서 코로나19에 걸릴 확률도 더 높다.

고령자는 면역 시스템이 노화해서 그럴 수도 있지만 고혈압, 당뇨병, 심혈관질환 등 기저질환이 있거나 항암제 또는 스테로이드를 복용하면 면역력이 떨어져 바이러스에 대한 저항력이 약해진다.

한국이 2021년 《의학연보 Annals of Medicine》에 발표한 후향적 연구(현 시점에서 과거 기록을 대상으로 조사하는 연구 방법-옮긴이) 논문에서 코로나19에 걸린 입원 환자 5,621명을 분석했는데 25.8퍼센트가 무증상이었다.

연구 결과 질병 치사율은 발병 초기의 증상 유무와 통계적으로 관련이 없었지만 나이, 기저질환과는 밀접한 관련이 있었다.

이를 통해 기저질환이 있는 고령자가 코로나19에 걸렸을 때는 방심하지 말고 입원 치료를 받아야 하며, 일반적으로 고령자에게 우선적으로 백신을 접종해야 한다는 것을 알 수 있다.

건강한 생활 방식은 본인 하기 나름이다

두 번째는 생활 방식인데 이는 본인의 노력에 달렸다. 건강한 생활 방식을 통해 자신의 면역력을 강화하면 바이러스가 침투하지 못하게 막을 수 있고 병에 걸려도 증상이 심각하지 않을 수 있다.

누차 강조하지만 원래 좋은 생활 습관이 건강의 기초다. 그중 충분한 수면, 건강한 식습관, 꾸준한 운동으로 면역력을 강화하는 것이 가장 효과적이다. 충분한 단백질과 신선한 채소를 섭취하고 디저트와 간식 섭취는 줄여야 한다.

운동은 체력과 면역력을 기르는 데 가장 효과적인 방법이며 심신 건강에 좋고 우울과 불안을 줄여준다.

몸이 건강해야 마음도 건강하다

2021년 《영국 스포츠의학 저널British Journal of Sports Medicine》에 실린 미국 논문에 따르면, 코로나19에 걸린 4만 8,440명을 대상으로 한 후향적 연구에서 평소 운동을 거의 하지 않는 사람의 사망률이 매주 최소 150분간 중강도 운동을 하는 사람의 사망률의 2.49배인 것으로 나타났다.

팬데믹 기간에 테니스, 수영, 골프 같은 운동은 할 수 없었지만 조깅, 파워 워킹, 집에서 러닝머신 사용하기, 근교 강둑에서 자전거 타기, 집안일하기, 정원 가꾸기 등은 할 수 있었다.

나는 아침저녁으로 마스크를 쓰고 인적이 드문 공원에 가서 한 시간씩 산책하는 걸 좋아하는데 매일 적어도 8,000보는 걷는다. 비가 오면 집에서 휴대폰으로 음악 영상을 틀어놓고 춤을 추거나 스트레칭을 하는데 몸도 튼튼해지고 마음도 편안해진다.

바이러스와 친구가 될 수 있을까?

　코로나19 팬데믹 기간에 새벽 5시쯤 장내 유산균을 강화하기 위해 요구르트 한 잔을 마시고 인적이 드문 근처 공원을 걸었다. 나는 습관적으로 마스크를 쓰는데 이제는 마스크를 안 쓰면 옷을 안 입은 것 같아 밖으로 나가지 못한다.

　공원 돌길에서 회색빛의 꿈틀대는 작은 무언가를 발견했다. 몸을 낮춰 들여다보니 1센티미터도 안 되는 크기의 노린재 유충이 가느다란 여섯 다리로 천천히 기어가고 있었다. 몸체가 옅은 회색이라 돌길과 거의 흡사해 보호색으로는 최적이었으나, 반대로 눈에 띄지 않아 오히려 지나가던 사람들에게 밟히기 쉬웠다.

길을 잘못 들어 생명이 위태로워진 노린재를 보며 나는 이런 생각이 들었다. 코로나19가 심각했을 때 다들 모임이나 약속을 자제한 이유가 자칫 위험한 상황에 빠지거나 바이러스에 걸린 사람을 만날까 봐 그랬던 게 아닌가?

그런데 이 세상에는 공생공영共生共榮하며 살아가는 존재도 있다.

깊은 산속에서 울창함을 뽐내는 나무들은 줄기에 늘 양치식물이 함께 자란다. 꽃은 꿀벌과 나비의 도움을 받아 번식하고 꿀벌과 나비에게 먹을 것을 제공하며 사람들의 눈을 즐겁게 한다. 황로는 소 등에 우아하게 서서 휴식을 취하고 기생충을 쪼아 먹으며 소와 공생한다.

설사 악명 높은 세균이라도 사람과 공생하는 좋은 균종도 있다. 100조 개에 달하는 장내세균은 사람이 음식물을 소화하고 영양분을 흡수하며 염증을 억제하도록 도와준다. 또 시장에서 프로바이오틱스 식품에 무한한 사업 기회를 제공하기도 한다.

암세포조차도 화학 치료나 표적 치료를 하고 나면 잠잠해져 만성질환처럼 사람과 평화롭게 공존한다. 숙주를 죽이면 몸 둘 곳이 사라져 암세포도 공멸할 테니 말이다.

그렇다면 신종 코로나바이러스가 세균을 본받아 사람과 친구가 될 수는 없는 걸까?

> 바이러스는 생존을 위해
> 끊임없이 변한다

사람이 세균과 공존하는 것은 사실 정상이다. 서로 흥망성쇠를 거듭하며 균형을 이루는 것은 이 세상 만물의 생존법칙일지 모른다.

우리는 감기, 독감과 같은 바이러스의 영향을 자주 받지만 대체로 큰 지장이 없다. C형 간염과 에이즈 등도 약물로 통제할 수 있다. 다만 신종 코로나바이러스 치료는 이제 막 시작하는 단계다.

똑같은 미생물이지만 바이러스는 세균보다 훨씬 작다. 세균의 약 1,000분의 1 크기이며 구조도 단순하다. 안은 게놈(세포나 생명체의 유전자 총체-옮긴이)이고 밖은 단백질과 지질막이다. 바이러스는 자가 복제나 번식을 할 수 없을 만큼 단순해서 어떻게든 숙주 세포에 들어가 번식할 수밖에 없다. 이후 바이러스는 세포에서 떨어져 나오고 세포가 사멸하면 다시 다른 세포를 감염시킨다.

항생제로 치료할 수 있는 세균과 달리, '잃을 게 없어 앞뒤

안 가리는' 이 무지막지한 바이러스를 치료하기 위해 선택할 수 있는 약물은 그리 많지 않다.

미국 제약사 머크 앤드 컴퍼니Merck & Co.의 경구용 캡슐이 2021년 11월 초에 영국에서 코로나19에 긴급 사용할 수 있도록 허가를 받았다. 또 미국 화이자Pfizer의 코로나 경구용 치료제는 이미 미국 식품의약국에 승인 신청을 한 상태다. 하지만 어쨌든 둘 다 아직까지 상용화되지는 않았다(화이자의 경구용 코로나19 치료제 팍스로비드는 2023년 5월 미국 식품의약국의 완전 승인을 받았다—옮긴이).

현재로서는 인체 면역력을 강화하거나 백신 접종으로 바이러스와 싸울 수밖에 없다.

하지만 바이러스는 생존을 위해 끊임없이 변이를 일으키고 백신도 그에 따라 변화를 거듭해야 하는데, 계속 이런 식으로 겨루기만 하다가는 양쪽 모두 실패할지 모른다. 인류와 세균이 공존하는 방식과 유사하게 바이러스가 비강에 머무르며 박테리오파지(세균을 먹는 바이러스—옮긴이)처럼 외부에서 오는 세균을 죽여 우리를 보호해주기를 간절히 바란다.

이 세상에는 '공생공영'의 길도 있다

나뭇잎 하나를 주워 노린재를 가볍게 들어서 돌길 옆 잔디로 옮겼더니 마음이 좀 푸근해졌다.

계속 걸으면서 머릿속에 이런 생각이 맴돌았다. 사람은 수많은 생물과 공존한다. 어쩌면 우리가 장내세균을 받아들였듯이 언젠가는 SF 영화처럼 신종 코로나바이러스와 평화롭게 공존하며 친구가 되는 방법을 찾을 수도 있지 않을까?

나가며
당신은 70세에 어떤 삶을 살고 싶은가?

　　칠순을 넘겨서 그런지 몰라도 시간이 나를 기다려 주지 않는다는 사실을 뼈저리게 느낀다. 옛 친구들과의 모임이나 초·중·고등학교 동창 모임이 꼬리에 꼬리를 물고 이어져 눈코 뜰 새 없이 바쁘다.

　친구들과 모이면 즐겁게 옛 이야기를 나누고 우정을 다지기도 하지만 가슴이 아플 때도 있다. 일흔을 넘긴 친구들이 오랜 투병 끝에 세상을 떠나기도 하기 때문이다. 현재 암으로 투병 중인 동창에게 힘내라고 응원하며 한숨짓기도 한다. 또 암을 이겨냈거나 관상동맥 스텐트 삽입술을 잘 끝냈다는 소식을 들으면 기쁘고 마음이 놓인다. 그런가 하면 아흔이 넘은 어르신을 보살피느라 몸과 마음이 고달픈 친구도 있다.

그리고 대화의 마지막은 거의 이렇게 끝난다. "건강이 제일 중요해."

70대가 되면 가정이나 사업은 대부분 자리가 잡힐 대로 잡히고 바꿀 수 있는 건 별로 없다. 어릴 때 똑똑했던 친구는 커서 일이 술술 풀려 더 잘나간다. 어릴 때는 성적이 부진했지만 나중에 의외로 엄청난 성과를 거둔 친구도 있다. 이건 부러워할 필요도 없지만 비교할 필요는 더더욱 없다. 굳이 비교하고 싶다면 누가 더 오래, 더 건강하게, 더 자유롭고 만족스럽게 사느냐를 비교해야 할 것이다.

70세가 넘었어도 초등학생처럼 진지하게 '나의 소원'을 적어볼 수 있다.

1 | 건강한 생활 습관을 유지한다

다시 한번 강조하지만 '좋은 생활 습관'은 건강을 유지하는 유일한 방법이다. 잠은 충분히 자고 가능하면 채소와 어류 등이 많은 지중해식 식단으로 먹는다. 술은 소량만 마시되 담배는 피우지 않는다. 여행, 하이킹, 모임, 강연 듣기 같은 활동에 적극적으로 참여한다. 혼자 있을 때는 책을 읽거나 회고록 등을 쓸 수 있다.

이렇게 머리, 몸, 발을 쓰면서 사람들과 소통하면 심신이 건강해지고 치매와 멀어진다.

2 | 의사의 치료를 따른다

고혈압, 당뇨병 등 만성질환이 있다면 합병증이 생기지 않도록 의사의 지시에 따라 치료를 받아야 한다.

3 | 증상이 있을 때 그냥 넘기면 안 된다

나이가 들면 몸에 자잘한 문제들이 생기기 마련이다. 한동안 상태가 좋아지지 않거나 체중 감소 등의 증상이 나타나면 혼자 지레짐작하지 말고 병원에서 진찰을 받는 게 좋다.

4 | 디지털 시대의 흐름을 따라간다

소셜 미디어를 활용해 정보를 공유하고 '좋아요'를 누르는 데 인색하게 굴지 않는다. 친구나 멀리 있는 가족과 영상통화를 하며 관계를 유지하면 기분이 좋아진다.

5 | 재미있는 노인이 된다

유머와 자조는 최고의 윤활유다.

나는 수년째 여성성장단체에서 활동 중인데, 언젠가 생일 파티의 주인공이 늘씬하고 예쁜 젊은 처자와 작달막하고 나이 든 나, 이렇게 두 사람일 때가 있었다. 둘이 나란히 단상 앞에서 케이크를 자르는데 한 회원이 감탄하며 말했다. "이렇게 보니까 두 사람 꼭 다이애나 비랑 테레사 수녀 같아요."

"내가 다이애나 비처럼 생긴 줄은 몰랐네!" 내 입에서 튀어나온 이 말에 좌중은 웃음바다가 되었다.

6 | 긍정적인 마음가짐은 최후의 보루이며 가장 효과적인 무기다

영화 〈토르Thor〉의 주인공 역을 맡은 호주 출신 배우 크리스 헴스워스Chris Hemsworth는 2022년 다큐멘터리 〈크리스 헴스워스: 리미트리스Limitless with Chris Hemsworth〉에서 의사에게 유전자 검사 결과를 듣는다. "부모에게 아포지질단백질 E ε4ApoEε4를 하나씩 물려받아 알츠하이머병에 걸릴 확률이 일반인의 8~10배에 달한다"라는 이야기를 들었을 때 크리스 헴스워스는 진지한 표정이었지만 이내 마음가짐이 바뀌었는지 눈을 반짝이며 말했다. "동기부여가 되네요. 지금부터 열심히 알츠하이머병을 예방해야겠습니다."

건강하게 오래 살기, 자유롭고 편안하게 살기,
당신의 칠순 소원을 빌어보자

내가 듣는 지역 교육센터 수업에서 선생님이 우리를 데리고 타이중 샤오바이웨^{小百岳}의 터우커산^{頭枓山}(해발고도가 859미터로 타이중시의 최고봉이다—옮긴이)에 갔다. 지세가 가파른 다컹^{大坑} 3번 트레일의 잔도^{棧道}(지세가 험해 바위벽을 뚫고 통나무를 박아 넣거나 벼랑에 선반처럼 매단 길—옮긴이)를 걷는데 다행히 양쪽에 잡고 갈 수 있는 두꺼운 밧줄이 있었다.

야영지까지 천천히 걸어가던 나는 정상을 정복하지는 못했지만 같이 간 친구들이 찍어준 정상 사진을 감상하며 만족했다. 특히 혼자 천천히 걸으며 풍경을 찍고, 지나가던 여행객과 가볍게 목례로 인사하거나 한담을 나누는 것도 즐거웠다. 뷔페처럼 내가 좋아하는 음식을 즐길 수 있을 정도로만 먹고 모든 음식을 다 먹을 필요도, 모든 일을 완벽하게 할 필요도 없다고 나는 매번 스스로에게 다짐한다.

매번 행동이 앞서는 한 친구가 돌아오는 길에 마지막 계단에서 그만 발을 헛디뎠다. 왼쪽 복사뼈를 접질리는 바람에 붓고 아파서 괴로워했다.

그런데 친구가 이런 말을 했다. "인생을 살다 보면 좋을 때도 있고 나쁠 때도 있는 것 같아. 하늘이 도와서 이 정도로 액땜했으니 얼마나 다행이야!"

나도 친구가 골절되거나 더 심각한 부상을 입지 않고 발목을 삐는 정도에 그쳐서 다행이다 싶었다. 게다가 마지막 계단이 아니라 산꼭대기에서 그랬다면 어떻게 산을 타고 내려올 수 있었겠는가!

두보는 시에서 "인생칠십고래희人生七十古來稀(70세를 사는 건 예로부터 드물다는 뜻으로 70세를 가리키는 '고희'라는 말이 여기에서 유래되었다-옮긴이)"라고 했다. 공자는 "칠십이종심소욕불유구七十而從心所欲不踰矩(70세는 마음 내키는 대로 해도 법도에 어긋나지 않는다)"라고 했다. 한 친구는 "나이 70이 넘어서야 큰 병에 걸리기 시작했다"라고 말했다. "나이가 70이 되니 삶이 편안하고 안정적이라 좋다"라는 사람, "나이가 70이 되니 자유롭고 만족스럽다"라고 하는 사람도 있다.

당신의 생각은 어떤가?

감사의 말

나는 글쓰기 여정에서 여러 귀인을 만났다. 특히 이 책을 출간할 수 있게 도와준 고마운 분들이 많다.

《강건잡지康健雜誌》의 허구이펀賀桂芬 편집장과 편집팀, 류위팅劉妤葶 대기자 겸 편집인, 《연합보聯合報》〈원기주보元氣周報〉의 왕위팅王郁婷 편집장은 수년간 내 글을 선보일 수 있는 장을 제공하고 눈에 띄는 표제를 달아주었다.

타이베이룽민 종합병원에서 함께 일한 동료 왕페이닝王培寧, 리페이스李佩詩, 린싱후이林幸慧는 독자에게 정확한 의료 정보와 명확한 의미를 전달할 수 있도록 내가 쓴 모든 글을 다듬어주었다.

'타이베이시 독서·글쓰기 협회'를 창립한 왕용다이汪詠黛 이사장의 지도 편달 덕분에 근래 나의 글쓰기 영역이 확장되었다.

매주 타이베이룽민 종합병원 왕수쥔王㻫君 부원장의 인솔로 진행되는 신경내과 증례 토론회는 내게 글쓰기 소재를 제공한 주요 원천으로, 새로운 지식을 배우고 현대 의료의 트렌드를 따라잡을 수 있게 도와주었다.

내가 소재로 활용할 수 있도록 기꺼이 자신의 인생 이야기를 공유해준 친구들에게도 고맙다는 인사를 전한다.

이 책을 추천하고 응원해준 '라이트 업 컬처 재단'의 장광더우張光斗 이사장, 《피프티플러스50+》의 천관신陳莞欣 편집장, 베테랑 언론인 란쉬안蘭萱 씨에게도 감사드린다.

무엇보다 보병문화寶瓶文化의 주야쥔朱亞君 사장님과 출판팀의 노력에 감사드린다. 딩후이웨이丁慧瑋 편집자는 끊임없는 질문, 거듭된 퇴고, 막강한 추진력으로 이 책을 가다듬고 매만졌으며, 생동감 있고 적절한 소제목을 추가하여 새로운 활력을 불어넣었다.

끝으로 언제나 나를 응원하고 격려해주는 독자와 페이스북 팬 여러분에게도 감사드리며, 내가 즐겁게 읽은 이 책을 독자들도 좋아해주기를 진심으로 바란다.

옮긴이 박소정

서울에서 태어나 고려대학교 중어중문학과, 이화여자대학교 통역번역대학원 한중과를 졸업했다. 대학원 졸업 후 잡지와 논문 등을 번역하고 삼성, CJ 등 기업체에서 중국어 회화를 강의했다. 현재 번역집단 실크로드에서 중국어 전문 번역가로 활동 중이다. 옮긴 책으로 《1교시 철학수업》, 《심리죄: 프로파일링》, 《당신의 재능이 꿈을 받쳐주지 못할 때》, 《식물학자의 식탁》, 《새는 건축가다》, 《순죄자》, 《미처 몰랐던 세계사》 등이 있다.

혼자 사는 연습을 합니다

초판 1쇄 발행 2025년 5월 13일

지은이 류슈즈
옮긴이 박소정
펴낸이 성의현
펴낸곳 미래의창

출판 신고 2019년 10월 28일 제2019-000291호
주소 서울시 마포구 잔다리로 62-1 미래의창빌딩(서교동 376-15, 5층)
전화 070-8693-1719 **팩스** 0507-1301-1585
홈페이지 www.miraebook.co.kr
ISBN 979-11-93638-46-0 03190

※ 책값은 뒤표지에 있습니다.

생각이 글이 되고, 글이 책이 되는 놀라운 경험. 미래의창과 함께라면 가능합니다.
책을 통해 여러분의 생각과 아이디어를 더 많은 사람들과 공유하시기 바랍니다.
투고메일 togo@miraebook.co.kr (홈페이지와 블로그에서 양식을 다운로드하세요)
제휴 및 기타 문의 ask@miraebook.co.kr